A~Z까지 알파벳 &
영단어 쉽게 따라 쓰기
초등 영단어
쓰기

초판인쇄 · 2025년 12월 15일
초판발행 · 2025년 12월 25일

지은이 · 박형빈
발행인 · 조현수
펴낸곳 · 도서출판 프로방스
기　획 · 조용재
마케팅 · 최관호 최문섭

주　소 · 경기도 파주시 광인사길 68, 201 – 4호
전　화 · 031–925–5364, 031–942–5366
팩　스 · 031–942–5368

이메일 · provence70@naver.com
등록번호 · 제2016–000126호
등　록 · 2016년 06월 23일

정가　22,000원
ISBN : 979–11–6480–406–1 (13700)

파본은 구입처나 본사에서 교환해드립니다.

초등 영단어 쓰기

박형빈 지음

프로방스

　영어를 처음 배울 때는 기초를 탄탄하게 다진 뒤 차근차근 실력을 쌓아 가는 것이 중요합니다.

　이 책은 영어를 처음 접하는 아이들이 흥미를 느끼며 쉽게 따라 쓸 수 있도록 A부터 Z까지 알파벳 중심으로 구성했습니다. 알파벳을 모두 익힌 후에는 바로 영어단어 컬러링을 할 수 있도록 편집하여, 아이들이 배운 단어를 색칠하고 복습하는 가운데 저절로 실력을 쌓아갈 수 있도록 꾸몄습니다.

　아울러 아이가 가족 구성원이나 동식물 등 새롭고 흥미로운 그림을 보며 영어에 한층 더 친숙해지고, 자유롭게 영어를 활용하며 미래의 꿈을 이루는 데 도움이 될 수 있도록 구성했습니다.

이 책의 활용방법

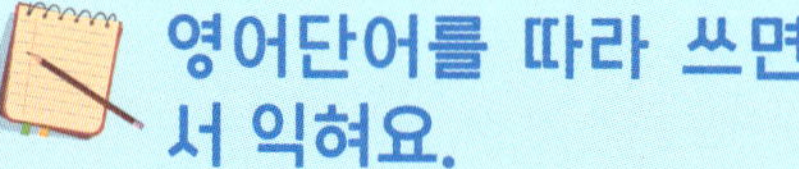

영어단어를 따라 쓰면서 익혀요.

그림을 보면서 영어단어를 바르게 쓰고 올바른 철자와 발음을 익혀 자연스럽게 단어를 학습해요.

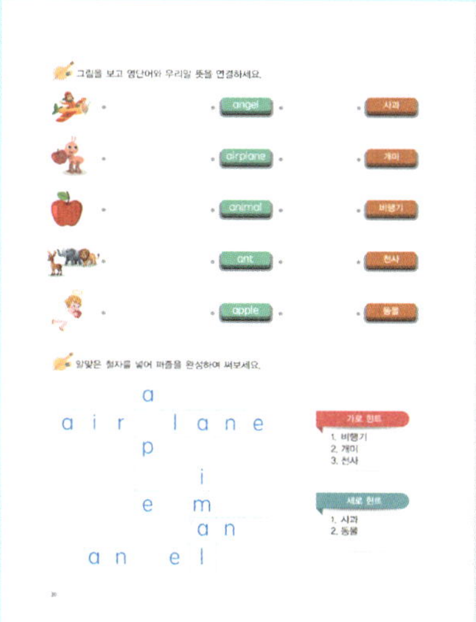

공부한 단어를 머리 속으로 생각하면서 문제를 풀어요.

다양한 문제를 풀고 배운 단어를 색칠하면서 영어단어의 실력을 쌓아가세요.

차례

A a 에이

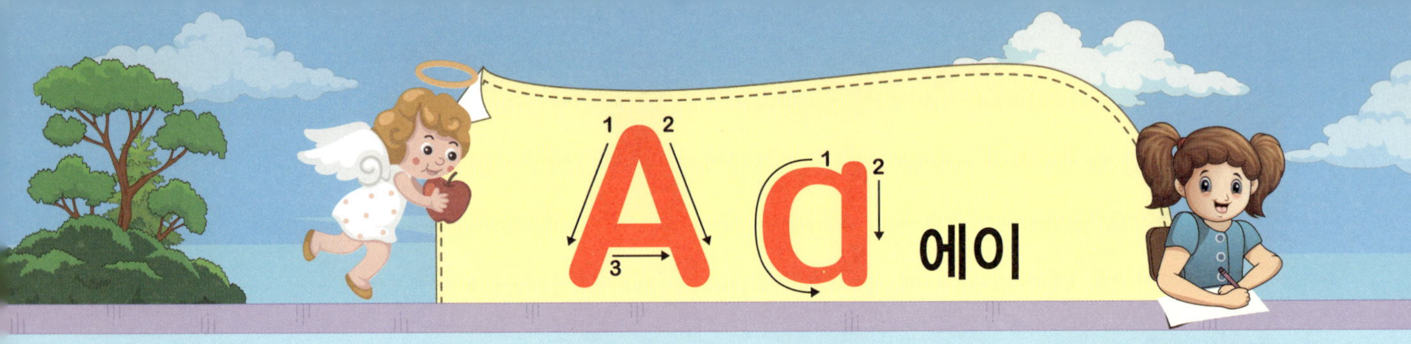

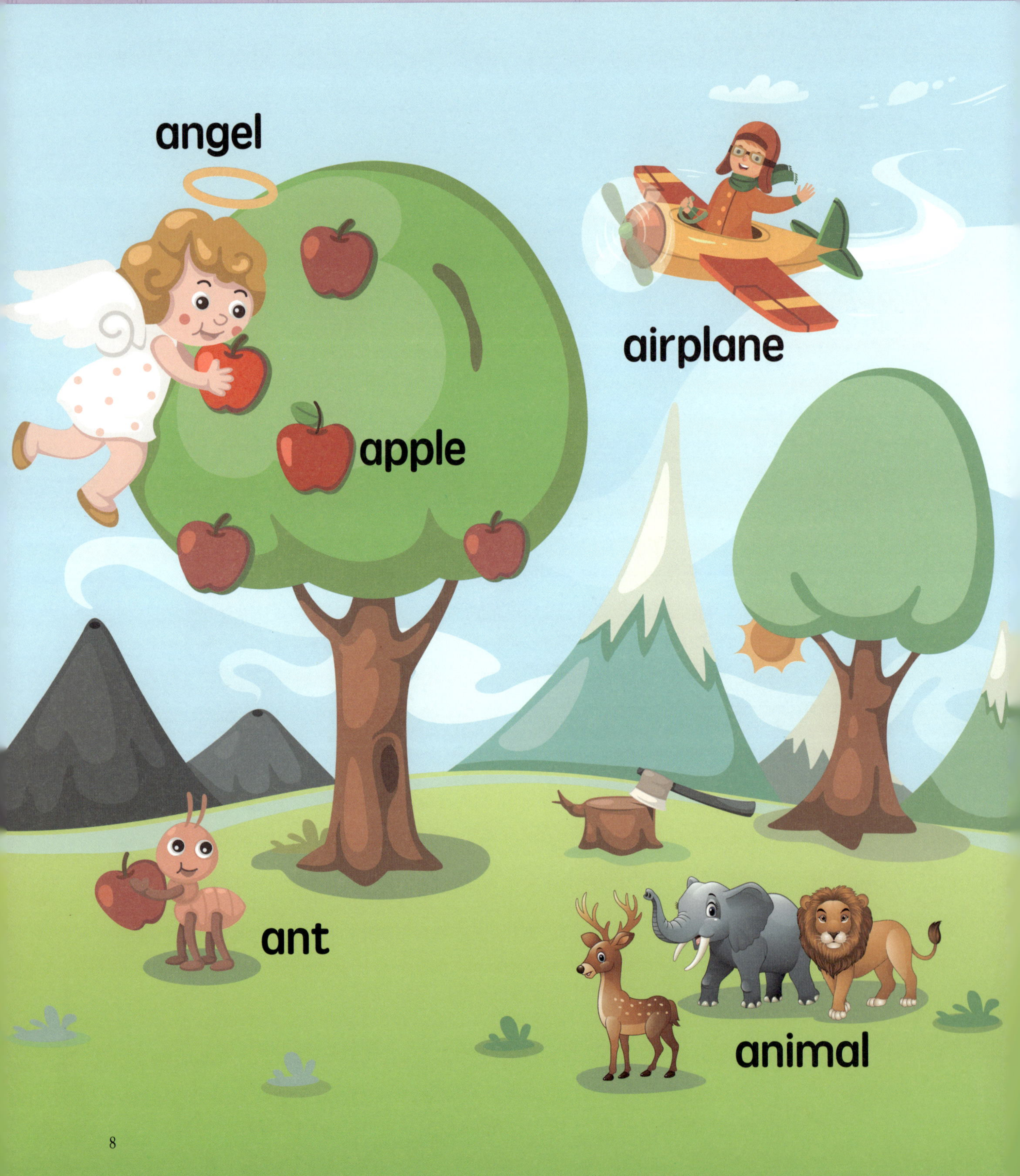
angel
airplane
apple
ant
animal

 대문자 A와 소문자 a를 읽으면서 바르게 써보세요.

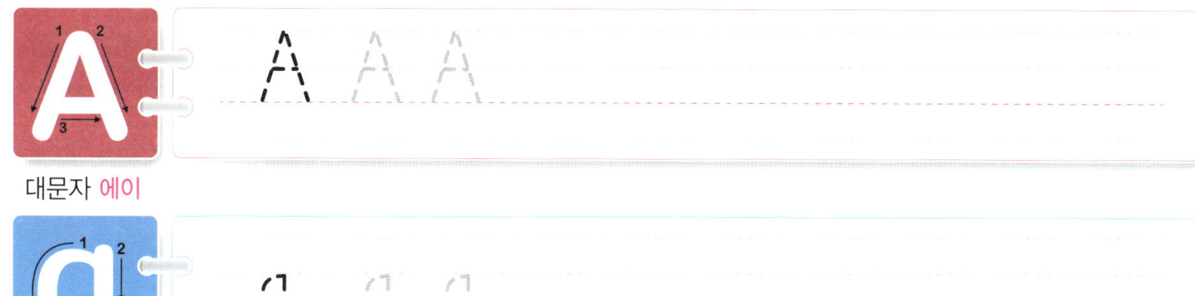

A A A

대문자 에이

a a a

소문자 에이

대문자 A와 소문자 a가 들어간 단어를 읽으면서 바르게 써보세요.

ANGEL　　angel

천사 [에인절]

AIRPLANE　　airplane

비행기 [에어플레인]

APPLE　　apple

사과 [애플]

ANT　　ant

개미 [앤트]

ANIMAL　　animal

동물 [애너멀]

 그림을 보고 영단어와 우리말 뜻을 연결하세요.

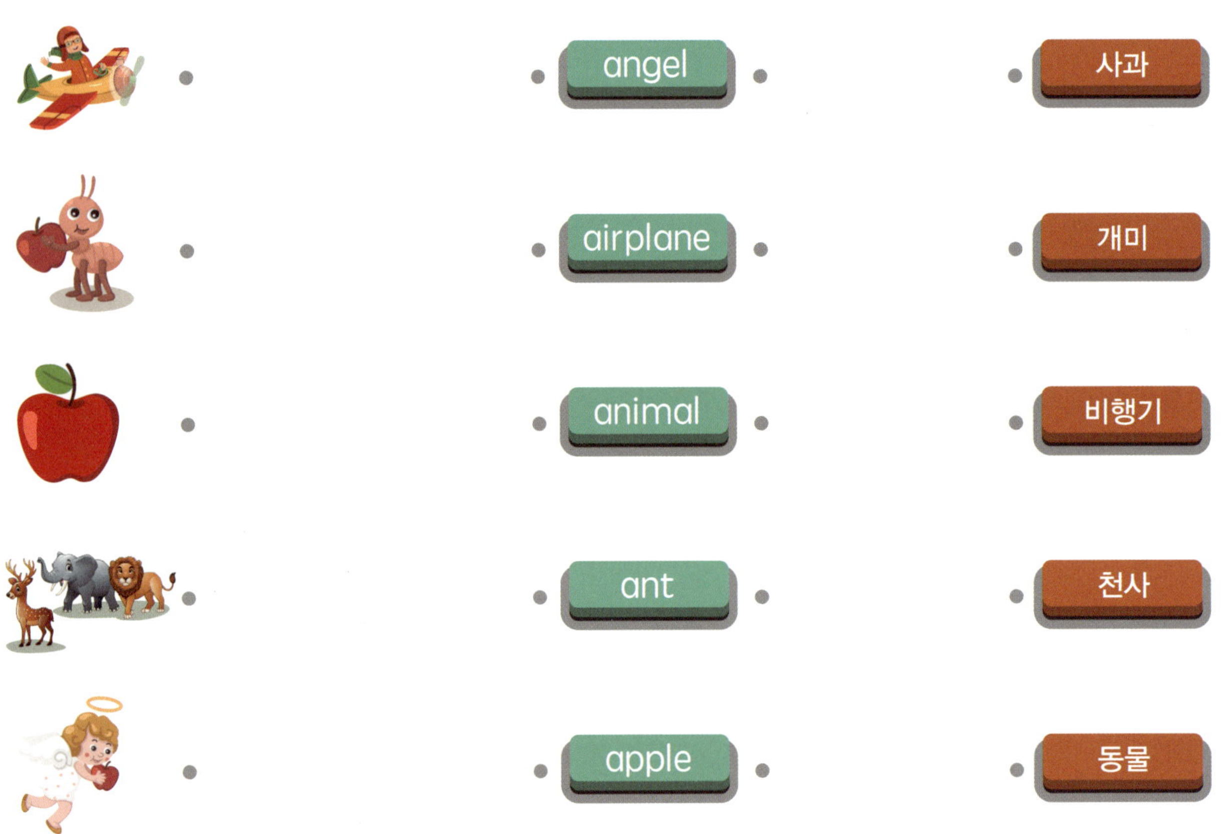

angel		사과
airplane		개미
animal		비행기
ant		천사
apple		동물

 알맞은 철자를 넣어 퍼즐을 완성하여 써보세요.

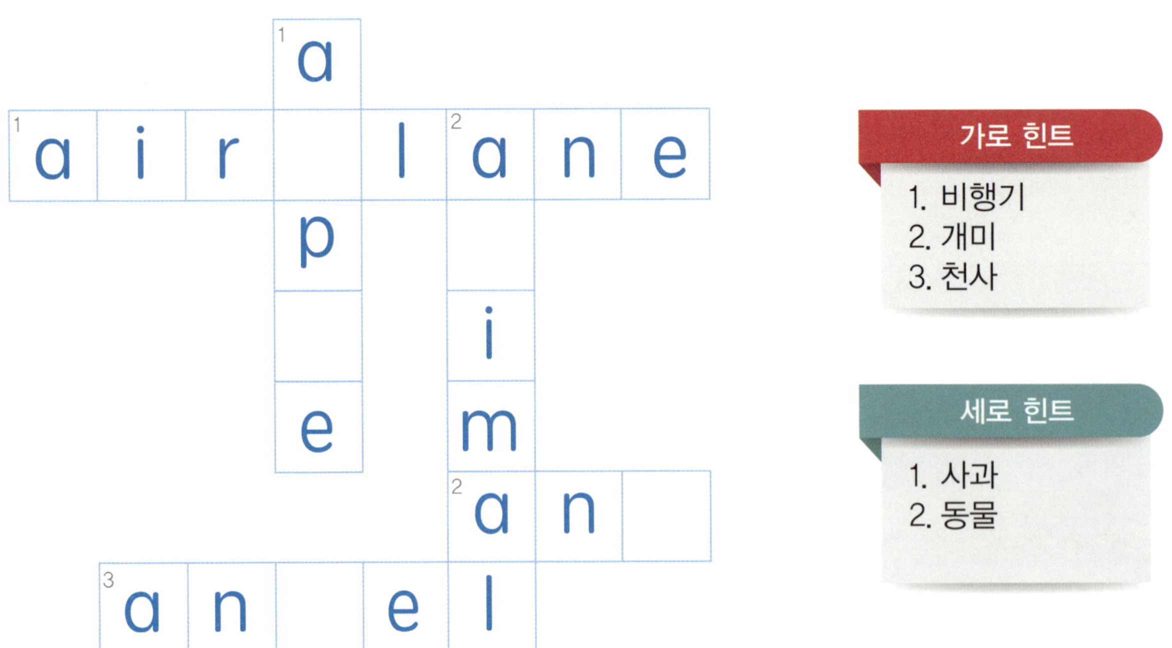

가로 힌트

1. 비행기
2. 개미
3. 천사

세로 힌트

1. 사과
2. 동물

단어와 뜻을 생각하면서 색칠해 보세요.

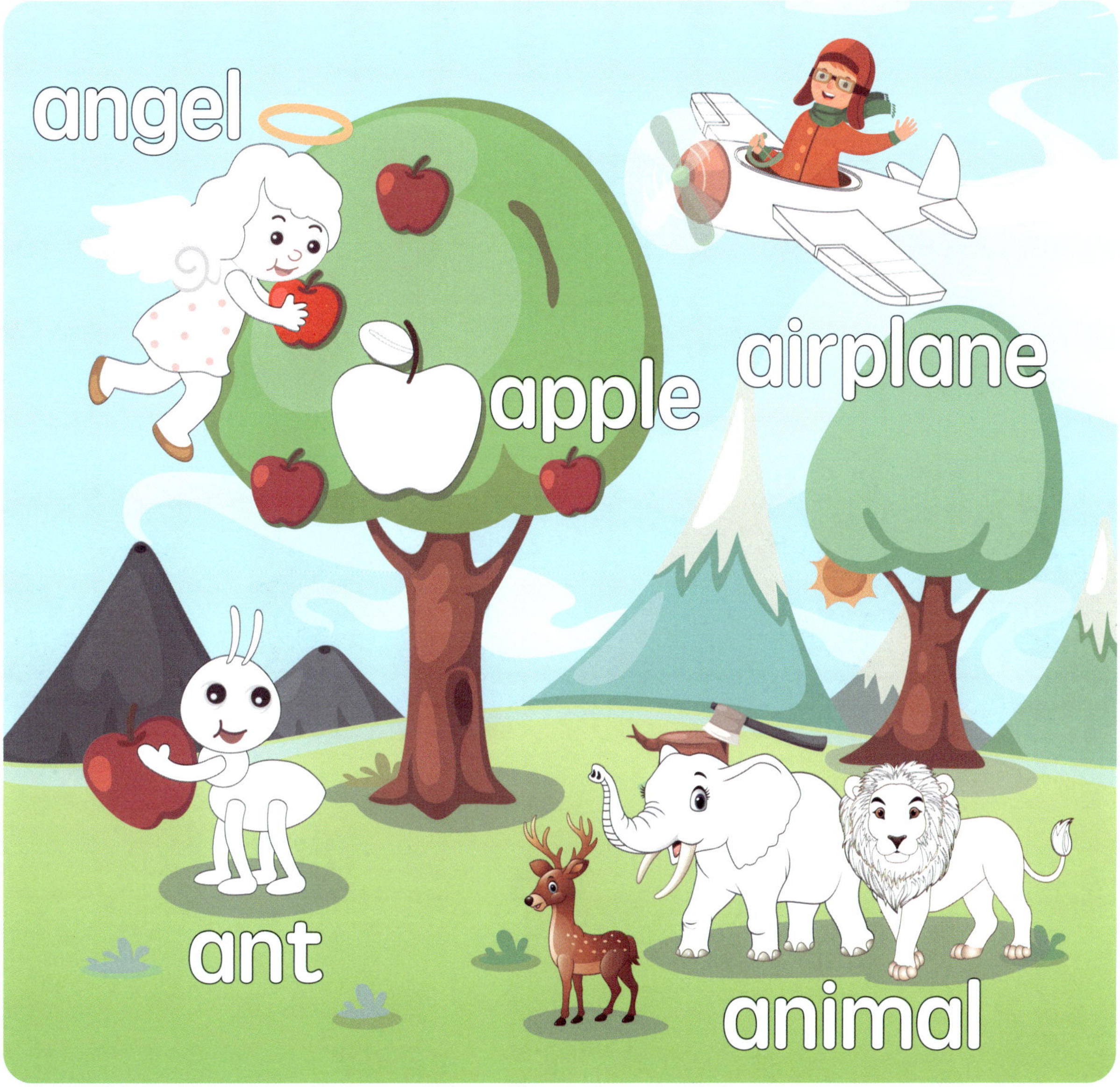

우리말 뜻을 영단어로 써보세요.

1. 동물 ....

2. 개미 ....

3. 사과 ....

4. 비행기 ....

5. 천사 ....

B b ㅂ-

balloon

bee

bird

bear

butterfly

 대문자 B와 소문자 b를 읽으면서 바르게 써보세요.

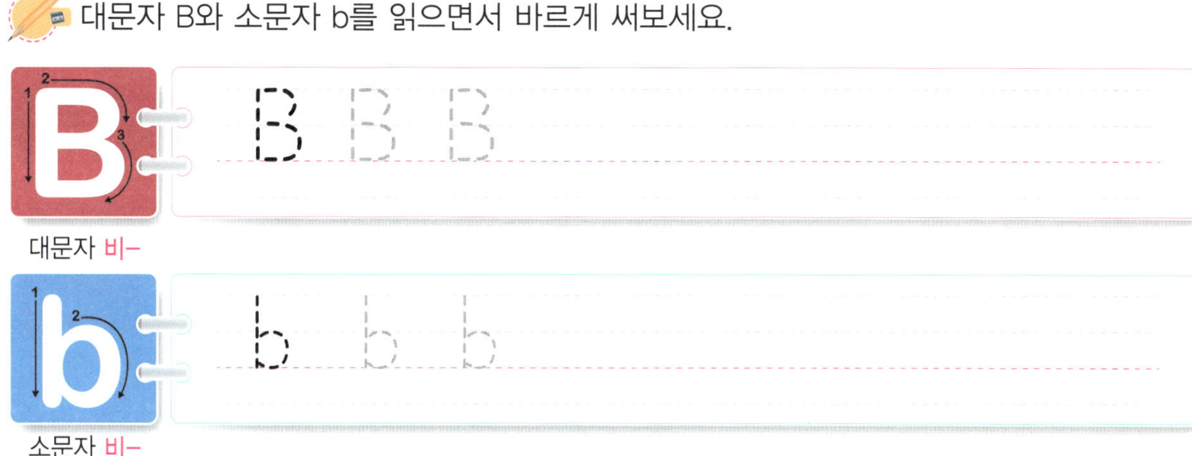

대문자 비-

소문자 비-

대문자 B와 소문자 b가 들어간 단어를 읽으면서 바르게 써보세요.

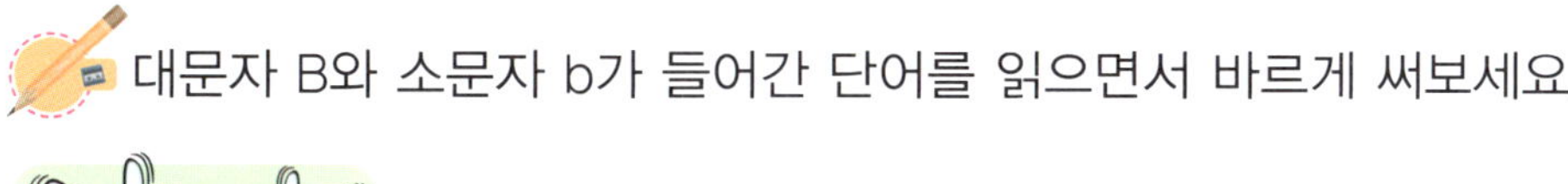

BEE   bee

꿀벌 [비-]

BALLOON   balloon

기구, 풍선 [벌룬-]

BIRD   bird

새 [버-드]

BEAR   bear

곰 [베어]

BUTTERFLY   butterfly

나비 [버터플라이]

 그림을 보고 영단어와 우리말 뜻을 연결하세요.

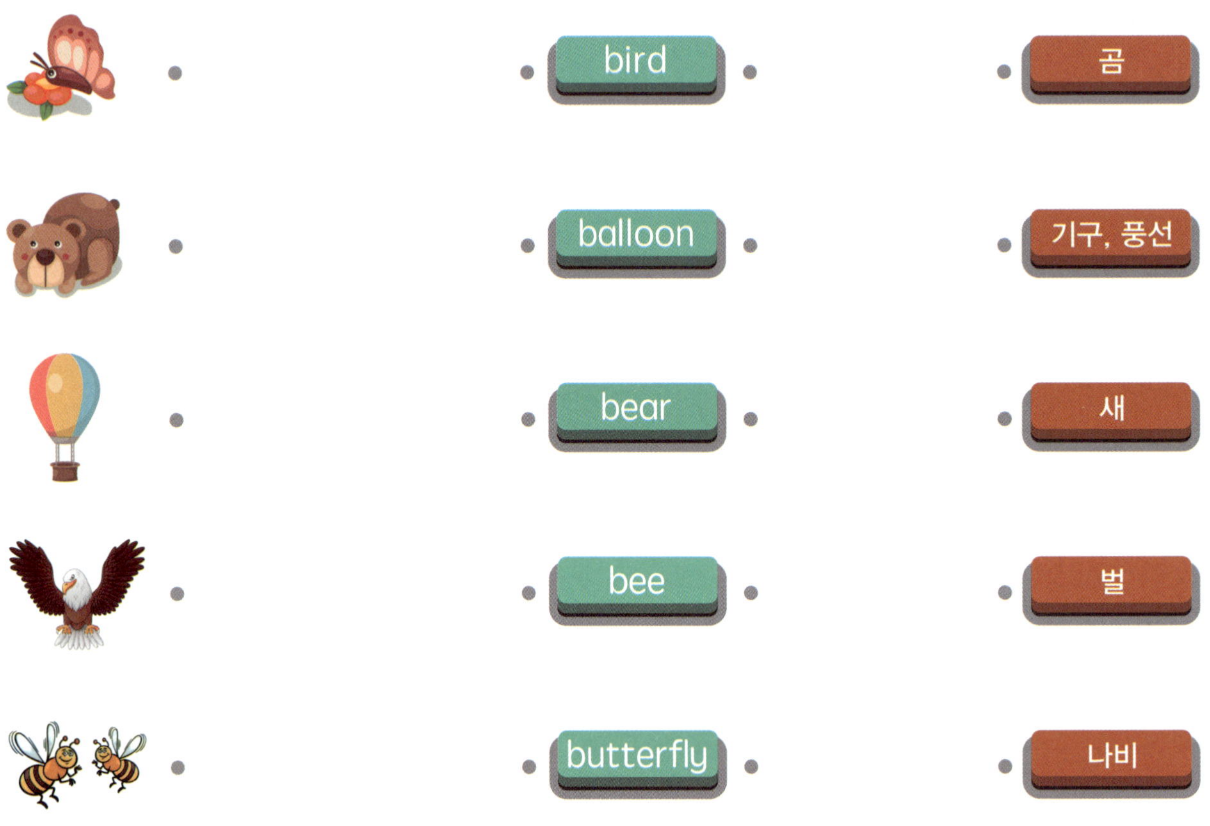

bird
balloon
bear
bee
butterfly
곰
기구, 풍선
새
벌
나비

 알맞은 철자를 넣어 퍼즐을 완성하여 써보세요.

가로 힌트
1. 나비
2. 벌

세로 힌트
1. 새
2. 곰
3. 기구, 풍선

단어와 뜻을 생각하면서 색칠해 보세요.

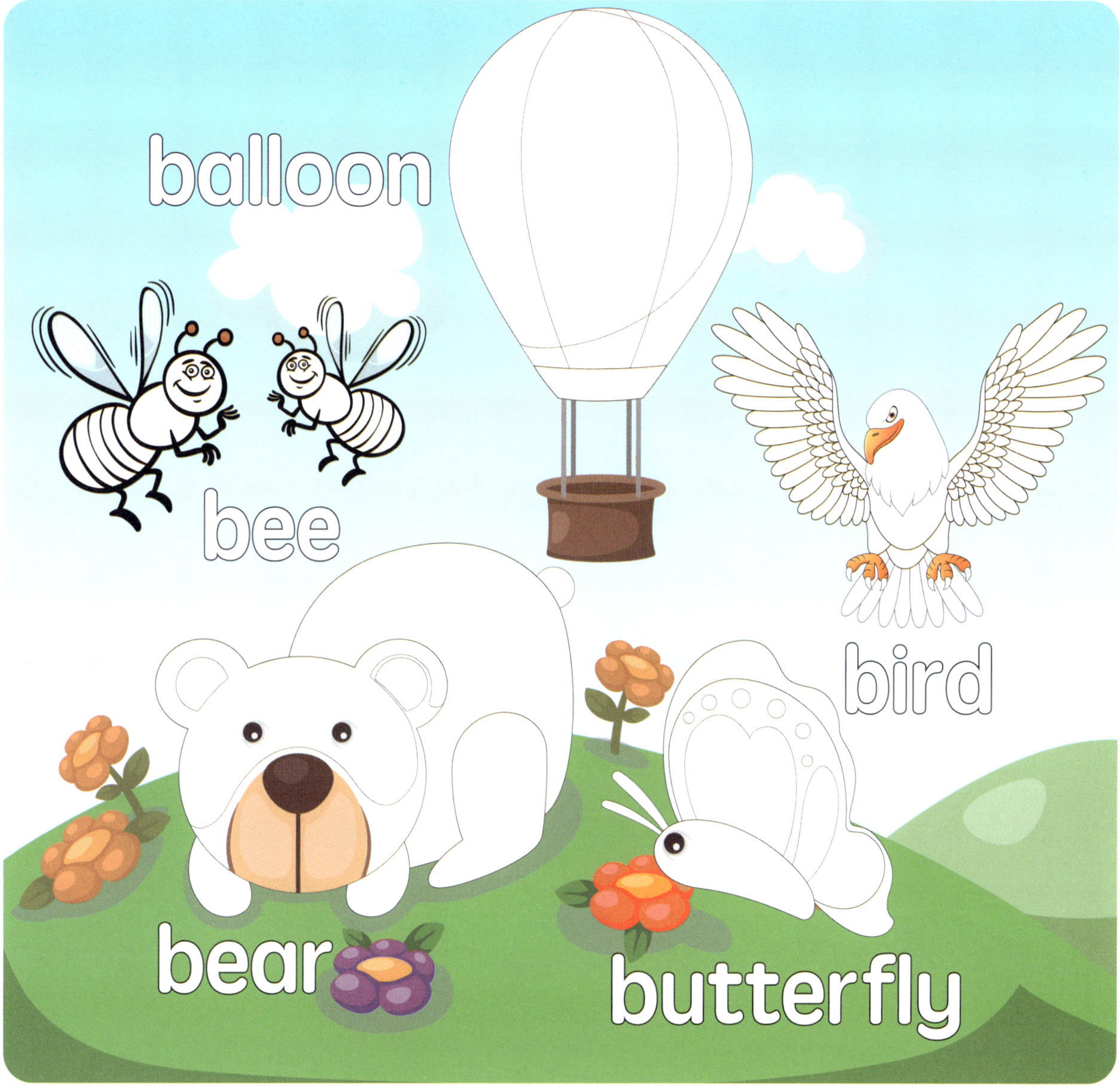

우리말 뜻을 영단어로 써보세요.

1. 곰

2. 기구, 풍선

3. 새

4. 곰

5. 기구, 풍선

C c 씨-
cloud
cow
cat
carrot
chicken

대문자 C와 소문자 c를 읽으면서 바르게 써보세요.

C C C
대문자 씨-
c c c
소문자 씨--

대문자 C와 소문자 c가 들어간 단어를 읽으면서 바르게 써보세요.

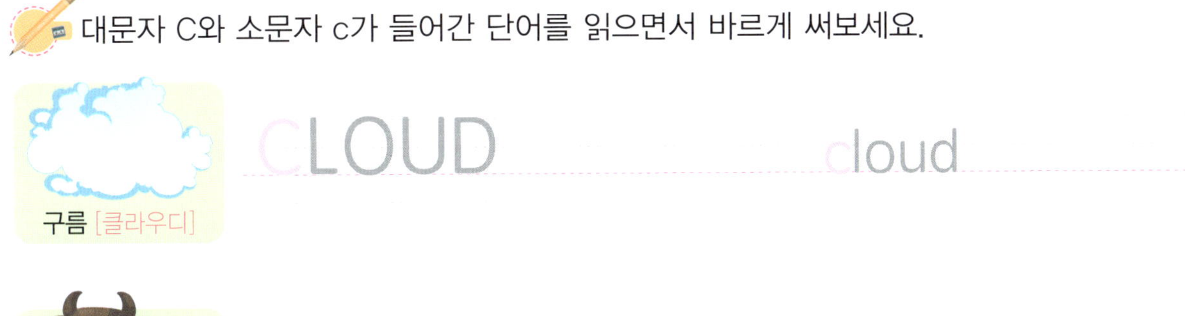
CLOUD   cloud
구름 [클라우디]

COW   cow
암소/젖소 [카우]

CAT   cat
고양이 [캣]

CARROT   carrot
당근 [캐럿]

CHICKEN   chicken
닭/닭고기 [치킨]

 그림을 보고 영단어와 우리말 뜻을 연결하세요.

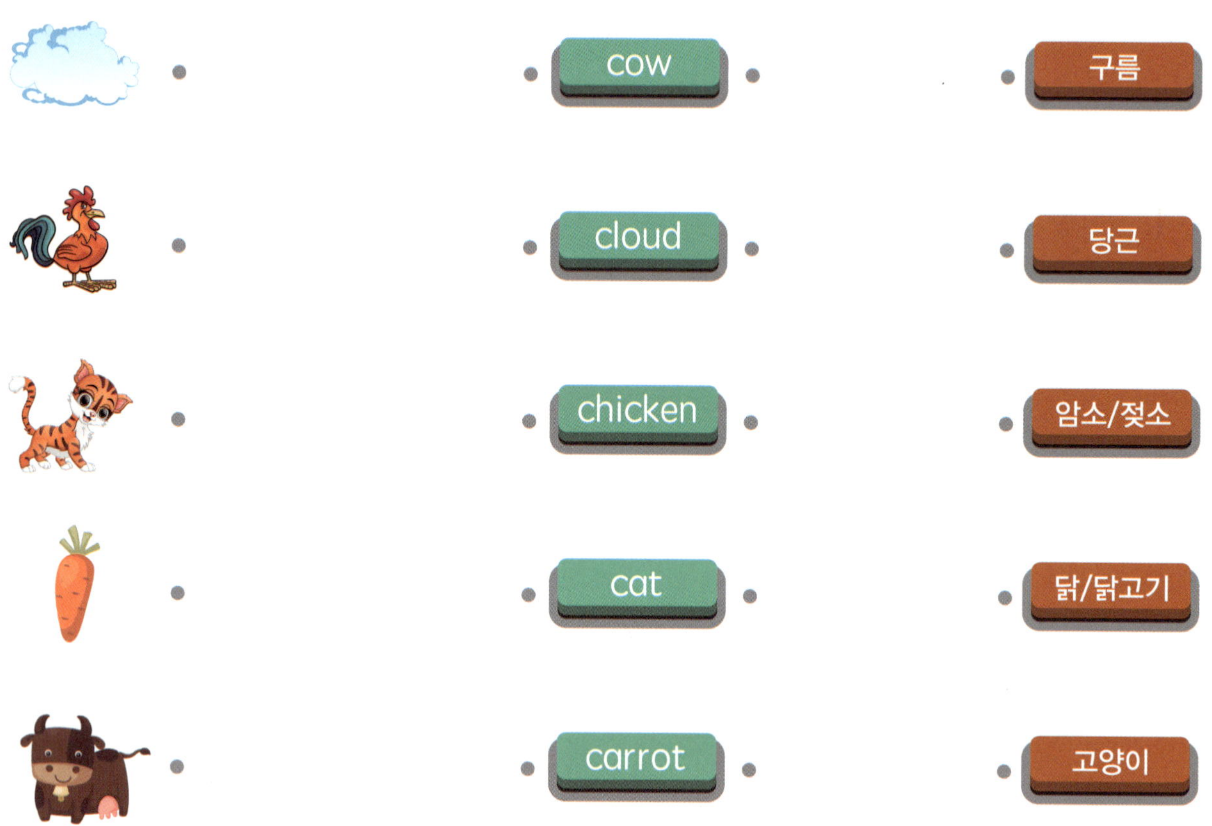

 알맞은 철자를 넣어 퍼즐을 완성하여 써보세요.

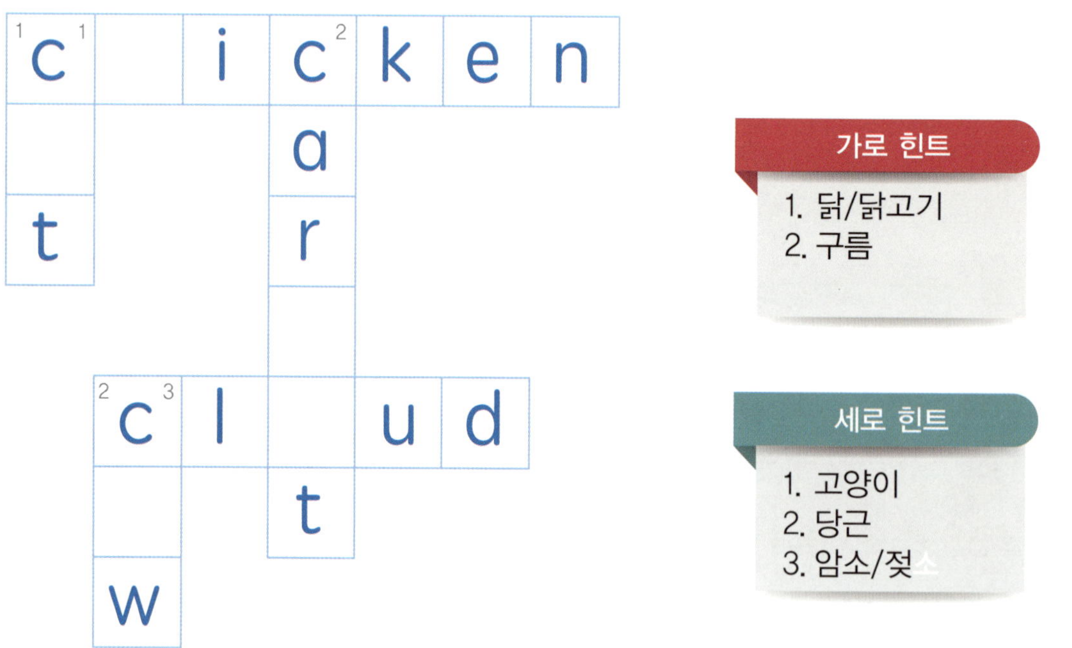

 단어와 뜻을 생각하면서 색칠해 보세요.

우리말 뜻을 영단어로 써보세요.

1. 구름

2. 암소/젖소

3. 닭/닭고기

4. 고양이

5. 당근

D d 디-

대문자 **디-**

소문자 **디—**

인형 [돌]

DOLL · doll

오리 [덕]

DUCK · duck

개 [도-ㄱ]

DOG · dog

접시 [디쉬]

DISH · dish

북 [드럼]

DRUM · drum

 그림을 보고 영단어와 우리말 뜻을 연결하세요.

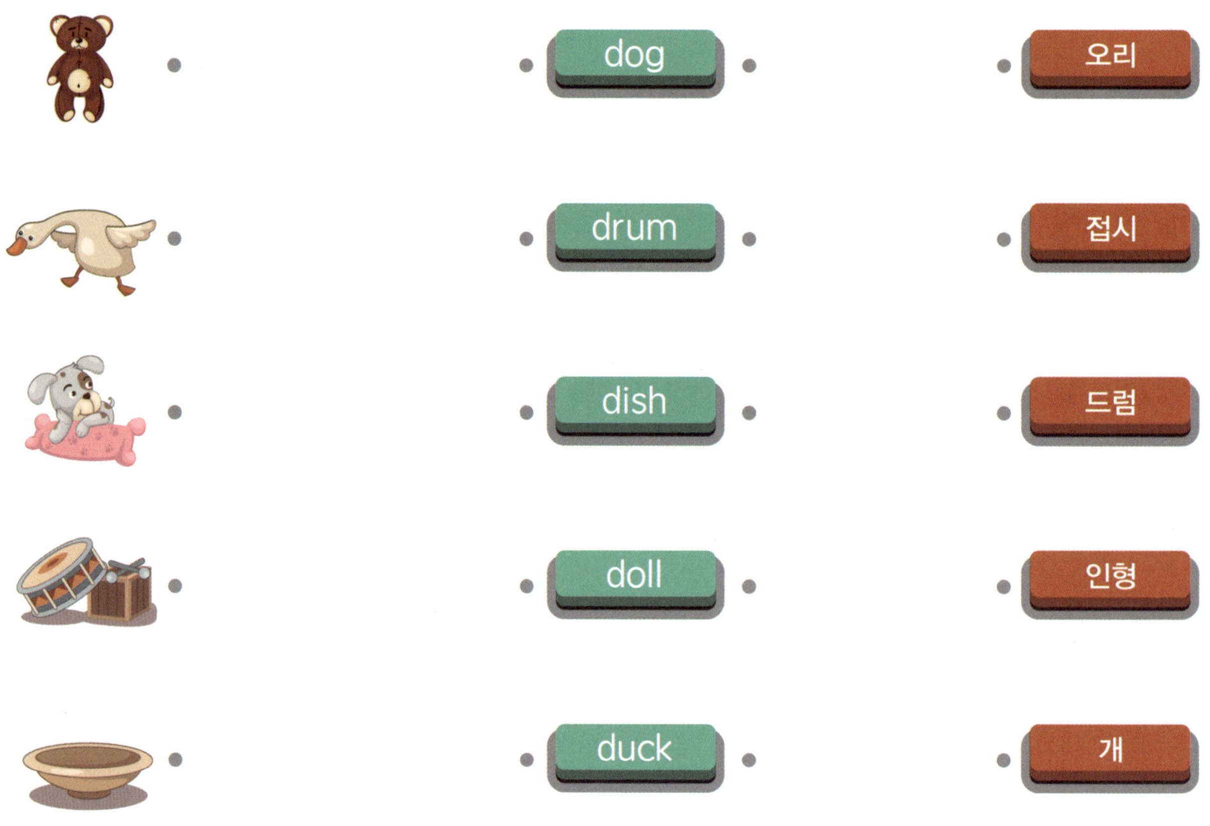

 알맞은 철자를 넣어 퍼즐을 완성하여 써보세요.

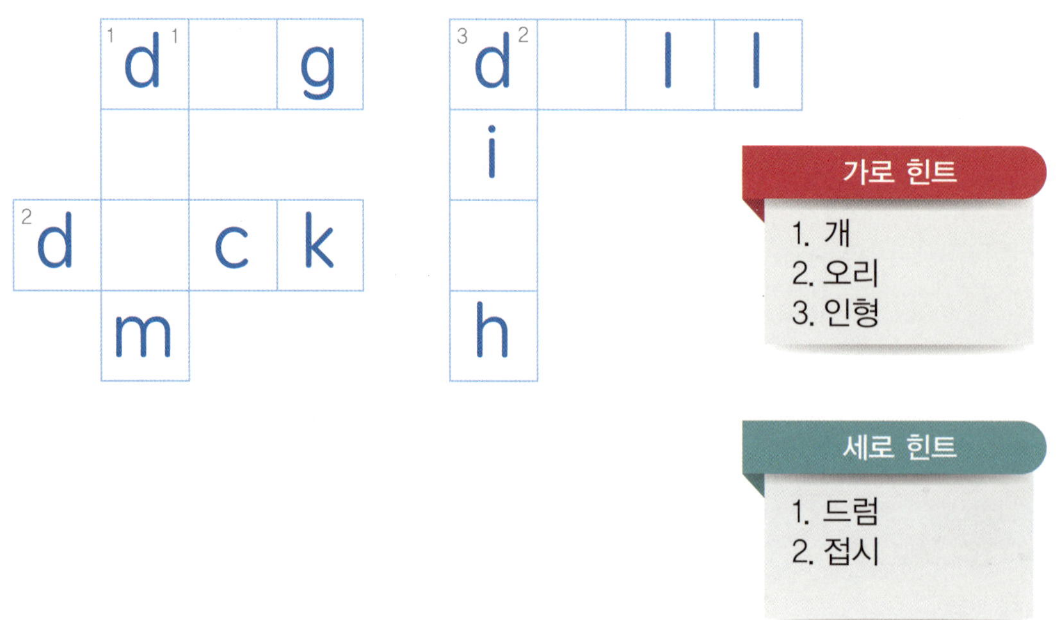

단어와 뜻을 생각하면서 색칠해 보세요.

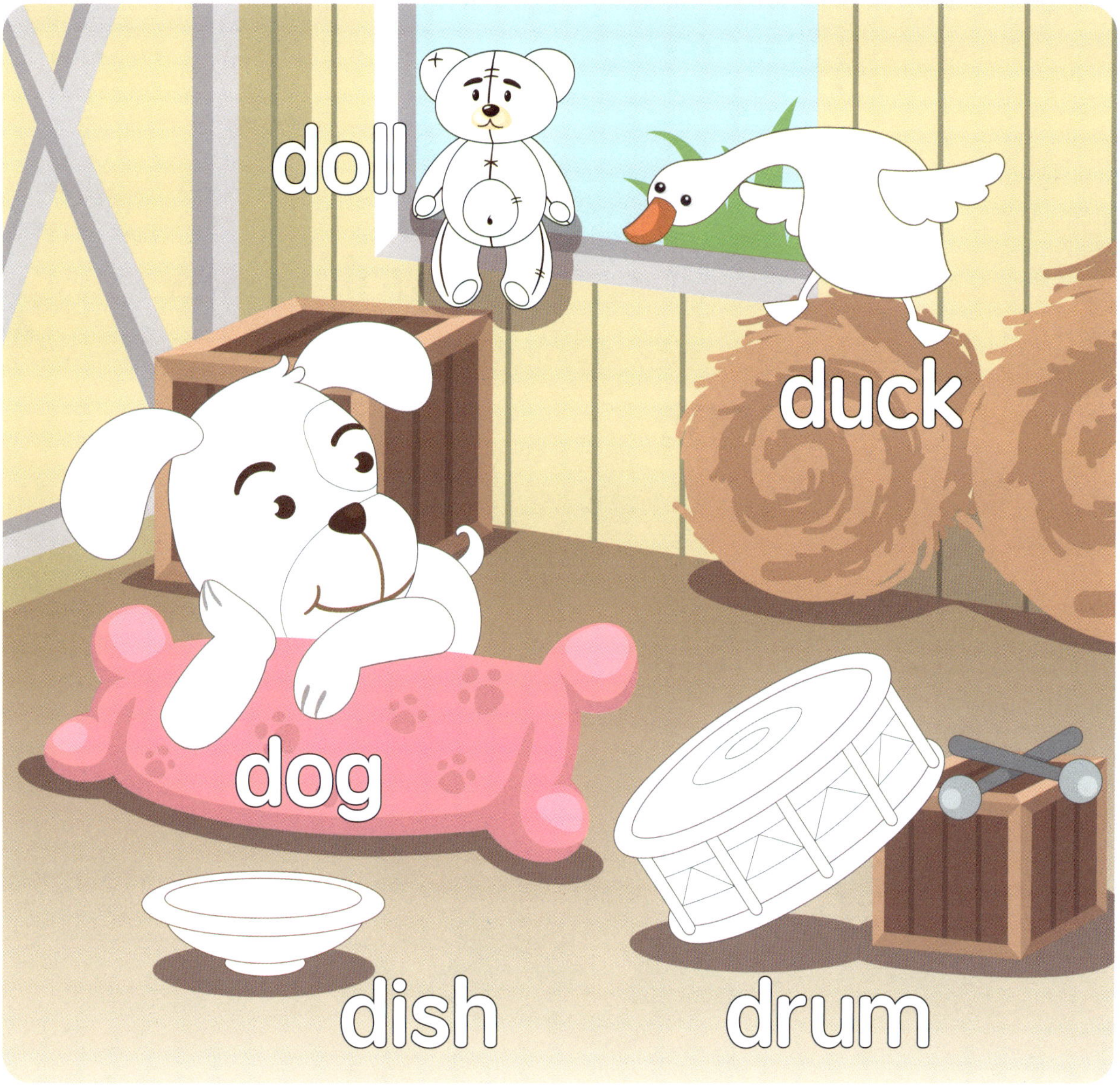

우리말 뜻을 영단어로 써보세요.

1. 오리

2. 접시

3. 개

4. 인형

5. 북

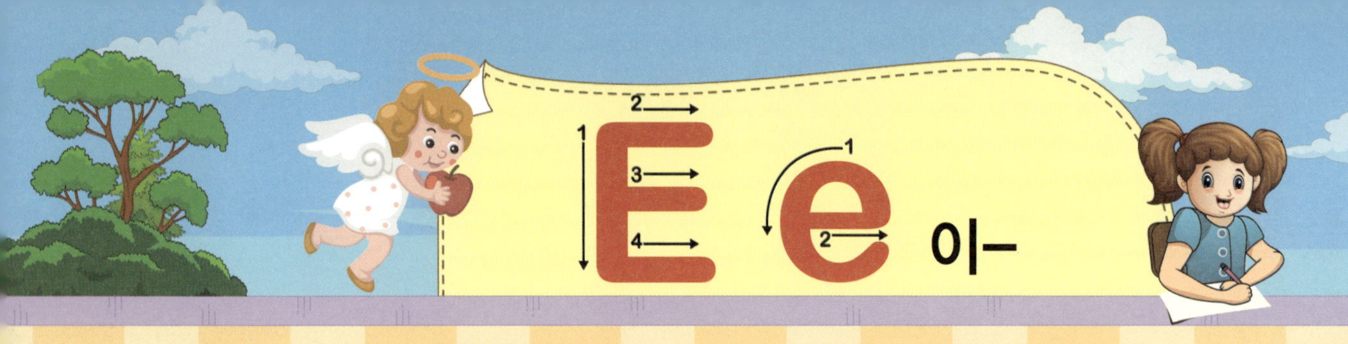

equal

elephant

eight 8

egg

eraser

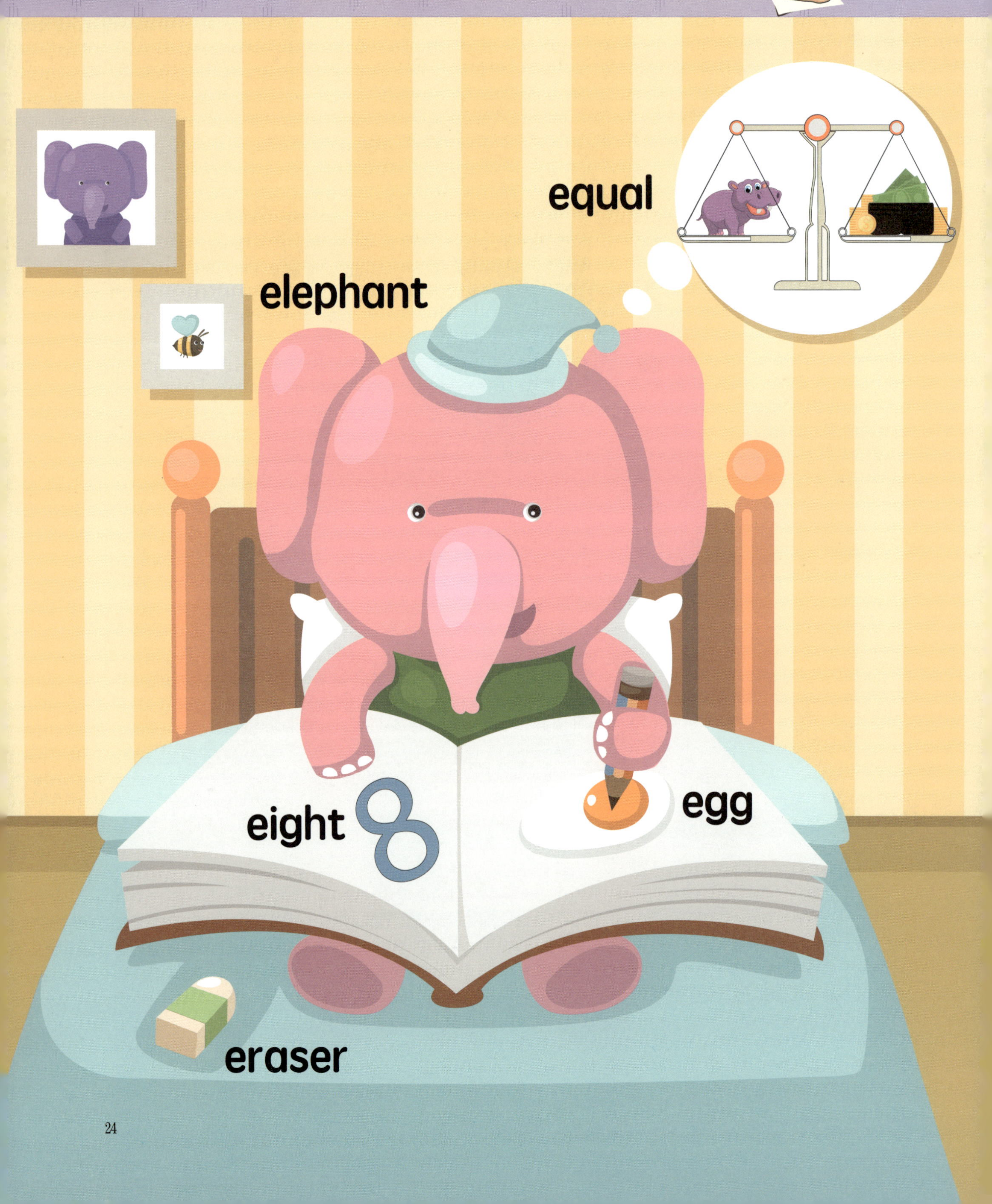

 대문자 E와 소문자 e를 읽으면서 바르게 써보세요.

대문자 이–

소문자 이––

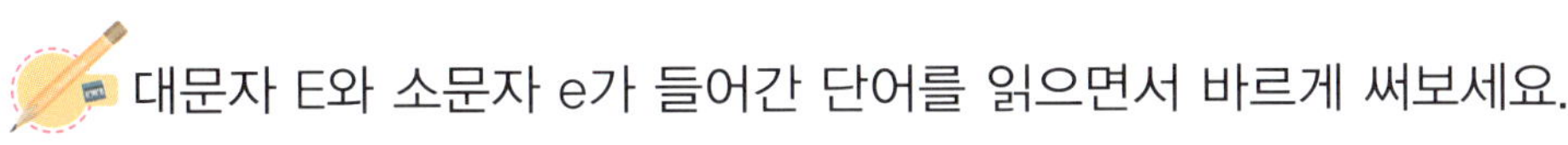 대문자 E와 소문자 e가 들어간 단어를 읽으면서 바르게 써보세요.

코끼리 [엘러펀트]

ELEPHANT   elephant

동등한/같은 [이–퀄]

EQUAL   equal

여덟 [에이트]

EIGHT   eight

달걀/알 [에ㄱ]

EGG   egg

지우개 [이레이서]

ERASER   eraser

 그림을 보고 영단어와 우리말 뜻을 연결하세요.

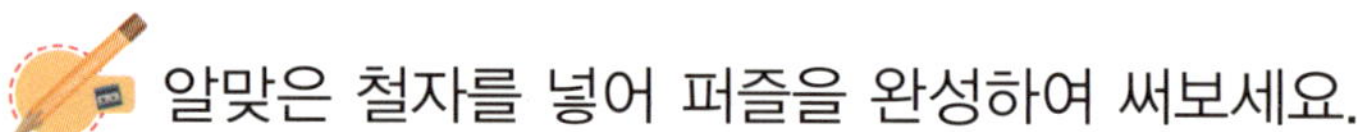 알맞은 철자를 넣어 퍼즐을 완성하여 써보세요.

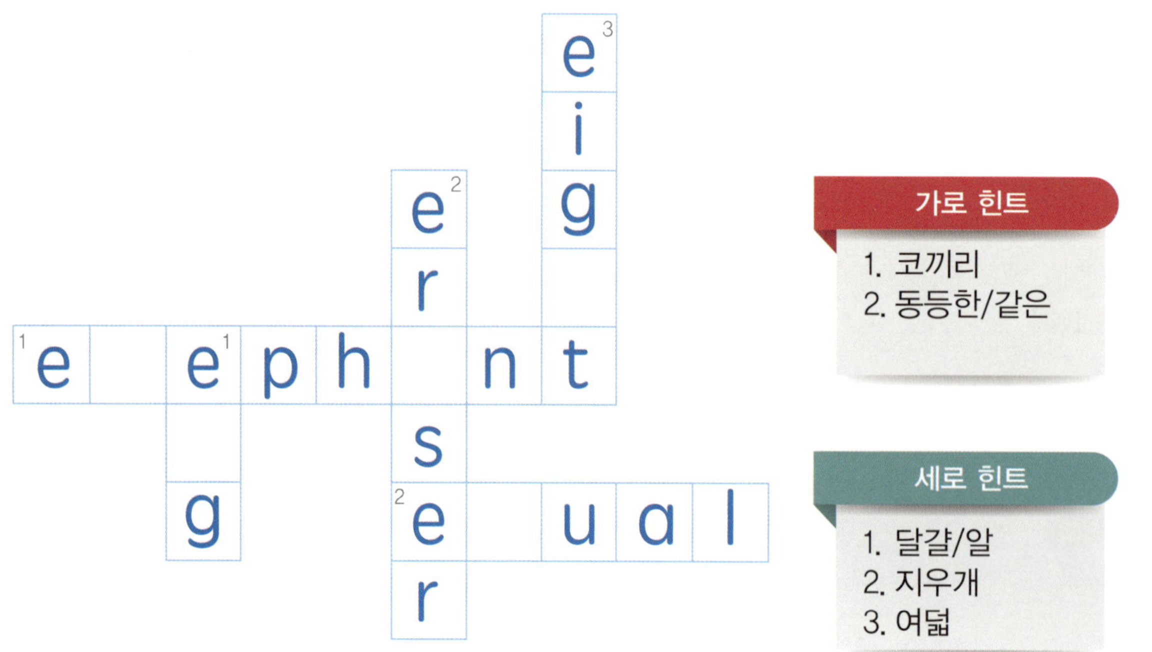

 단어와 뜻을 생각하면서 색칠해 보세요.

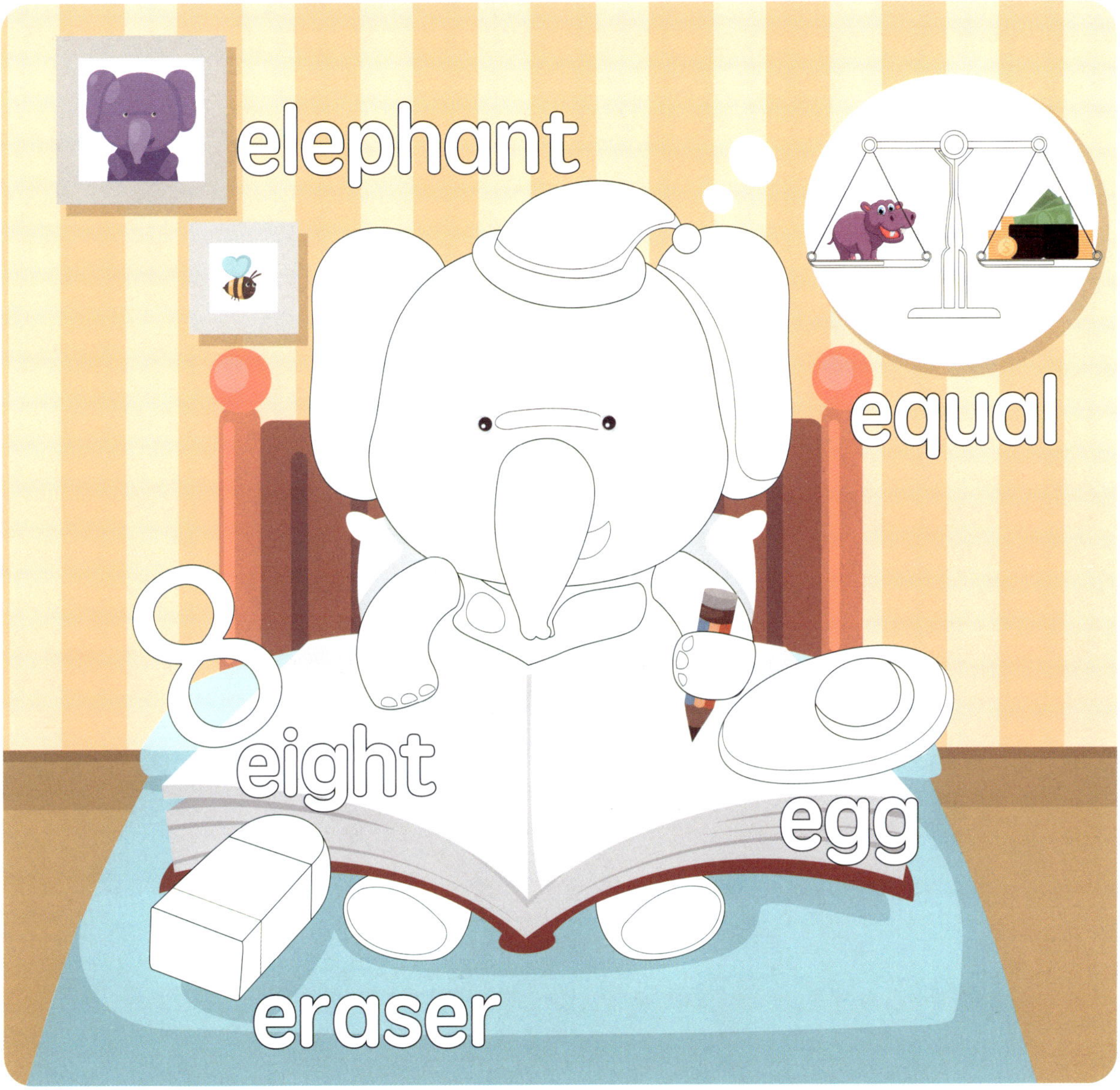

우리말 뜻을 영단어로 써보세요.

1. 코끼리

2. 동등한/같은

3. 지우개

4. 달걀/알

5. 여덟

F f 에프
fox
fish
fire
flower
frog
28

 대문자 F와 소문자 f를 읽으면서 바르게 써보세요.

F F F

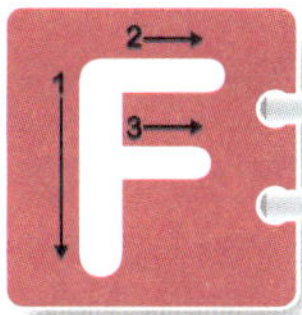

대문자 **에프**

f f f

소문자 **에프**

대문자 F와 소문자 f가 들어간 단어를 읽으면서 바르게 써보세요.

FISH   fish

물고기 [**피쉬**]

FOX   fox

여우 [**팍스**]

FIRE   fire

불, 화재 [**파이어**]

FLOWER   flower

꽃 [**플라워**]

FROG   frog

개구리 [**프로-그**]

그림을 보고 영단어와 우리말 뜻을 연결하세요.

fox
fish
fire
flower
frog
물고기
여우
꽃
개구리
불, 화재

알맞은 철자를 넣어 퍼즐을 완성하여 써보세요.

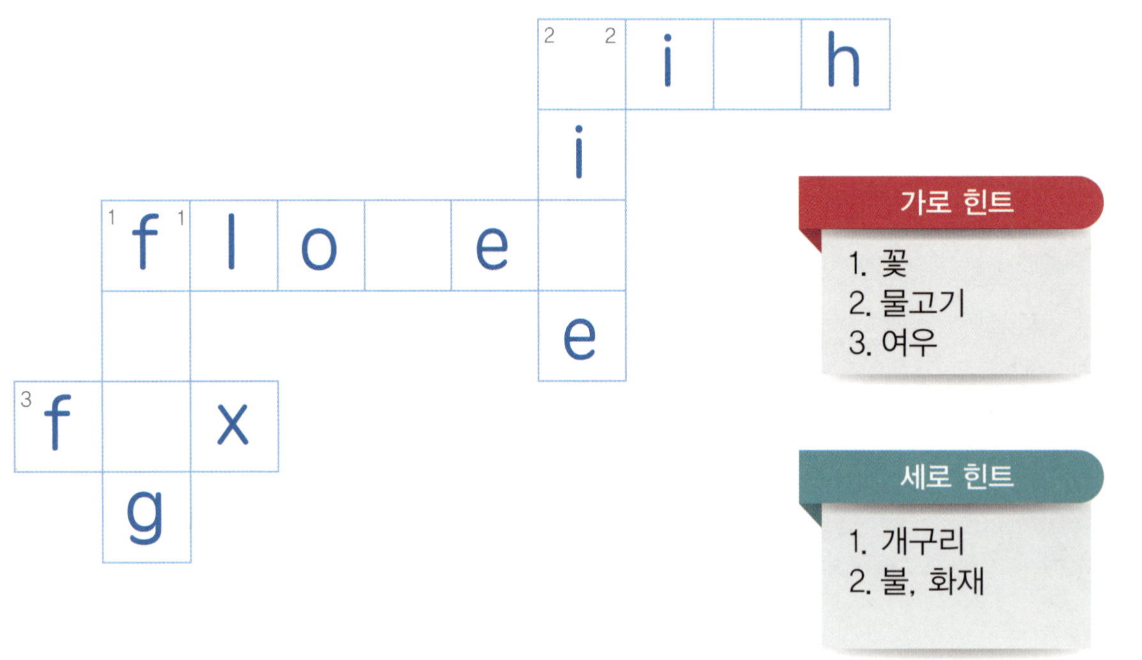

i h
i
f l o e
e
f x
g

가로 힌트
1. 꽃
2. 물고기
3. 여우

세로 힌트
1. 개구리
2. 불, 화재

 단어와 뜻을 생각하면서 색칠해 보세요.

우리말 뜻을 영단어로 써보세요.

1. 개구리

2. 불, 화재

3. 꽃

4. 여우

5. 물고기

G g 쥐–

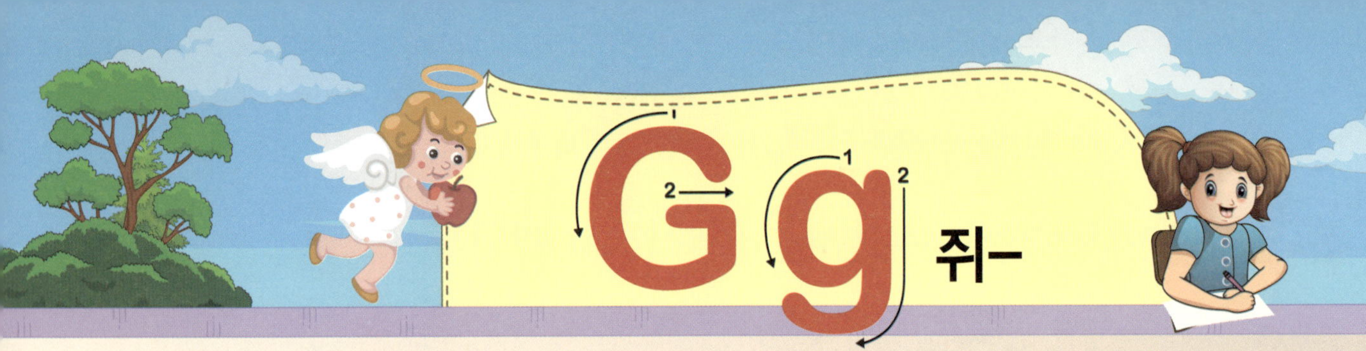

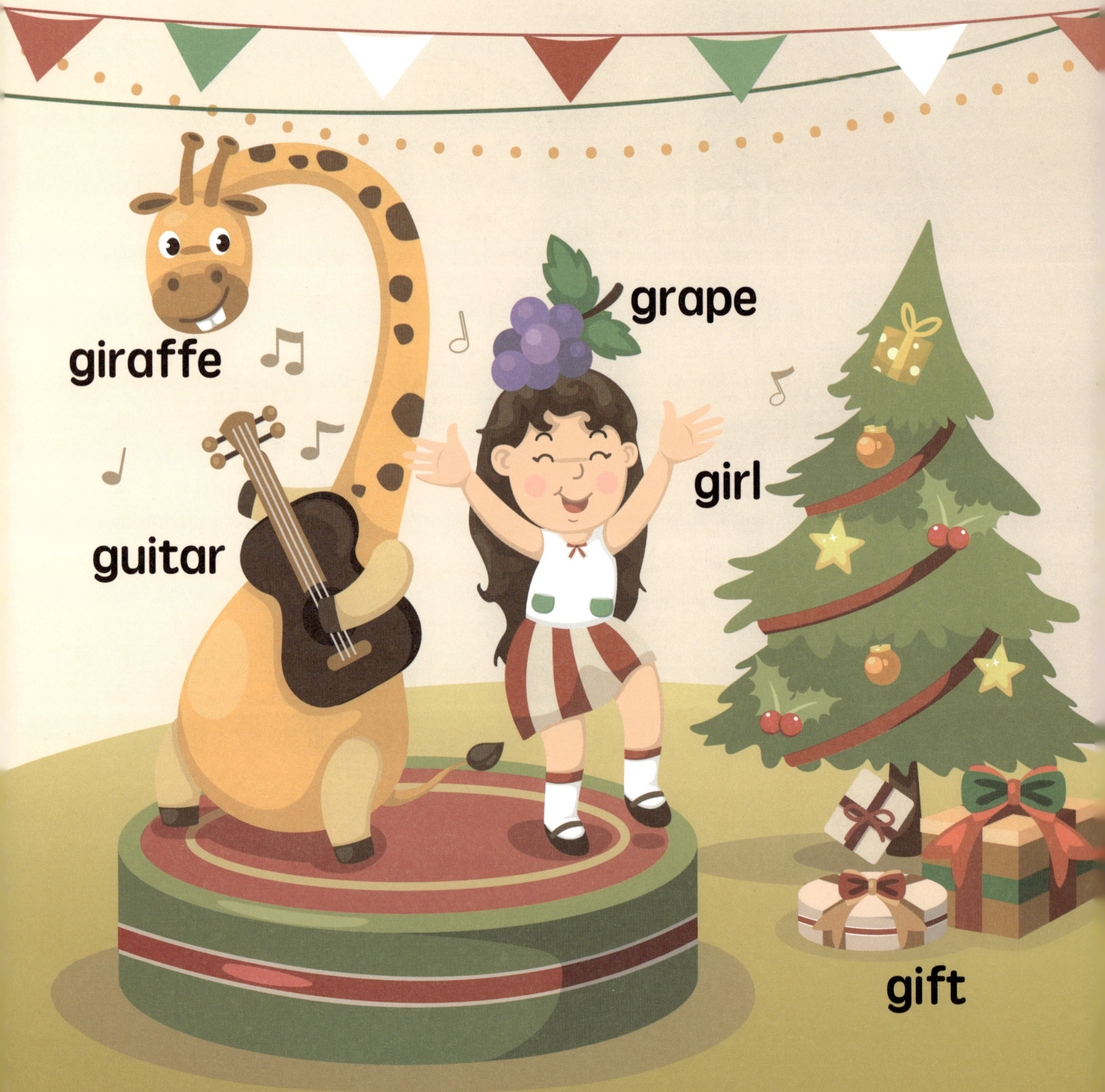
grape
giraffe
girl
guitar
gift

대문자 G와 소문자 g를 읽으면서 바르게 써보세요.

G G G

대문자 쥐-

g g g

소문자 쥐-

대문자 G와 소문자 g가 들어간 단어를 읽으면서 바르게 써보세요.

GIRAFFE giraffe

기린 [저래프]

GUITAR guitar

기타 [기타-]

GRAPE grape

포도 [그레이프]

GIRL girl

소녀 [거얼]

GIFT gift

선물 [기프트]

 그림을 보고 영단어와 우리말 뜻을 연결하세요.

 알맞은 철자를 넣어 퍼즐을 완성하여 써보세요.

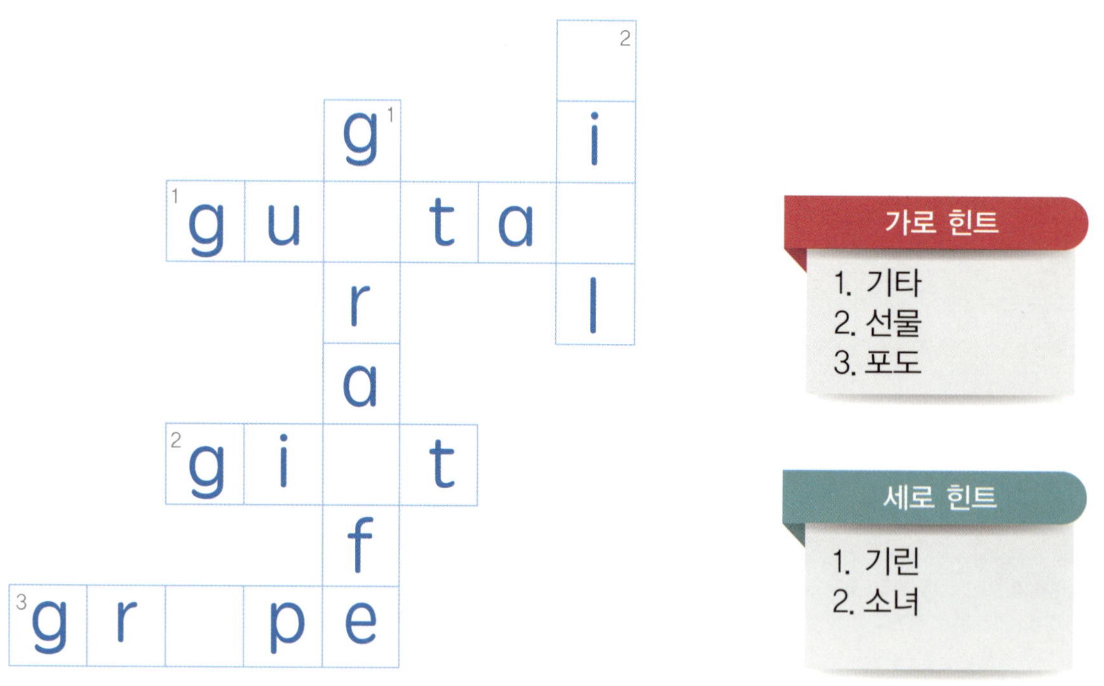

 단어와 뜻을 생각하면서 색칠해 보세요.

우리말 뜻을 영단어로 써보세요.

1. 기린 ____________________

2. 기타 ____________________

3. 포도 ____________________

4. 소녀 ____________________

5. 선물 ____________________

Hh 에이취

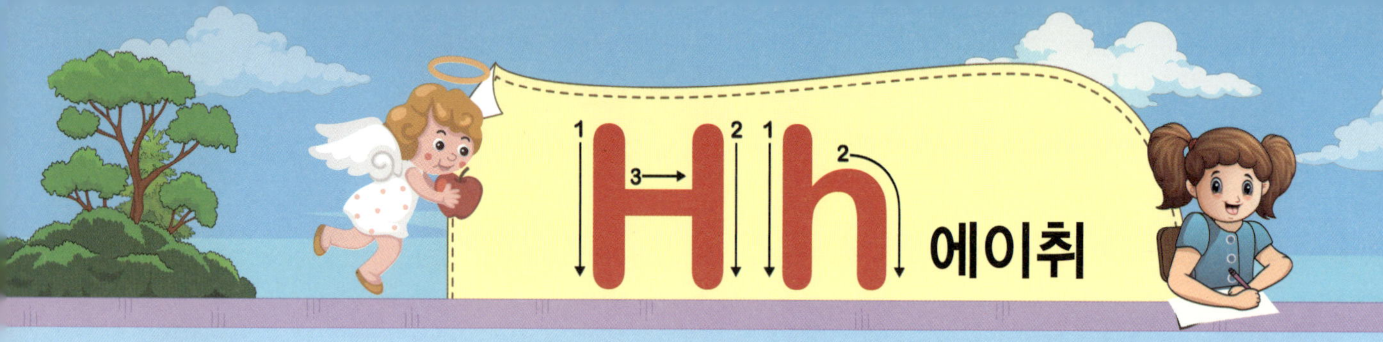

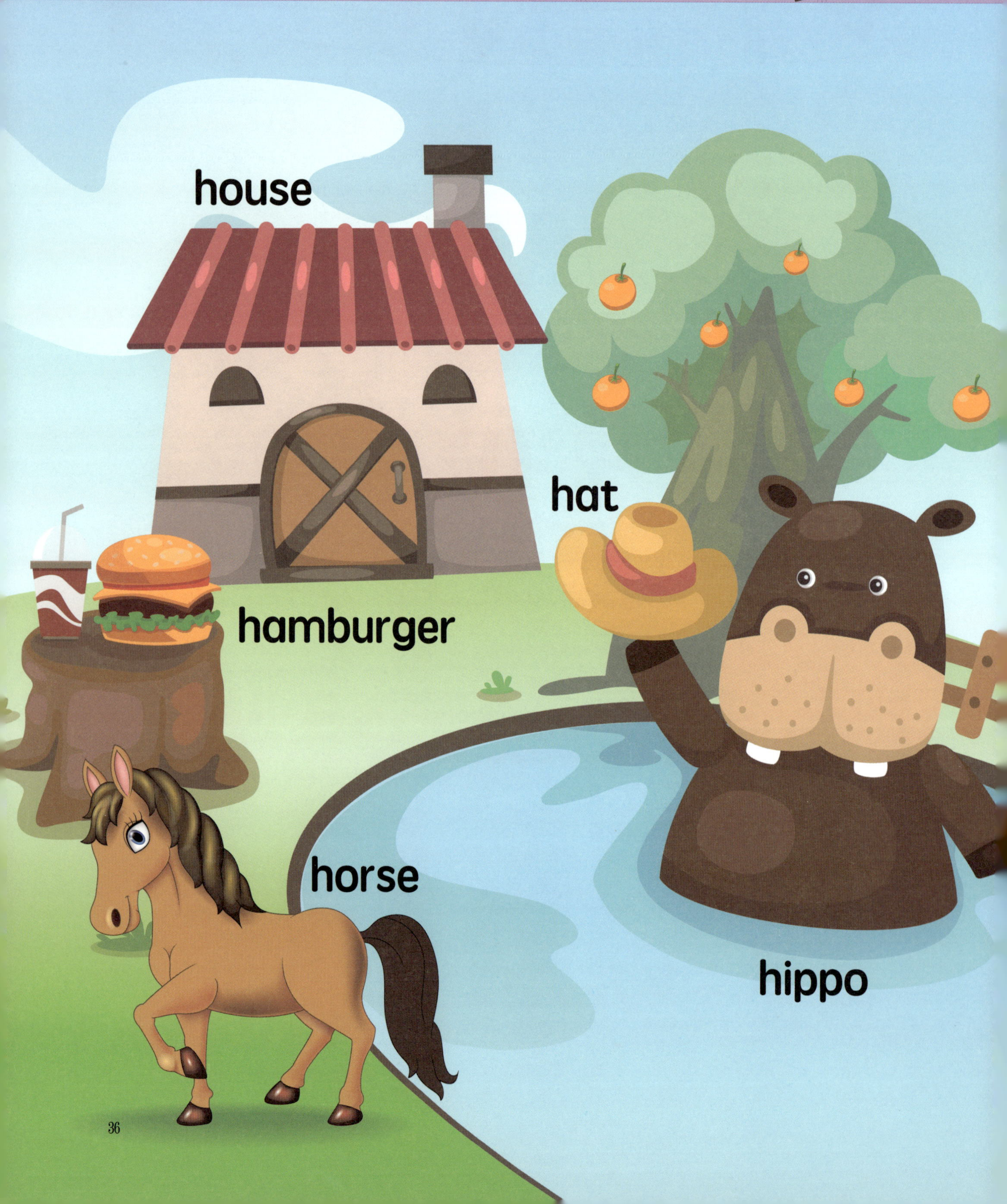
house
hat
hamburger
horse
hippo

 대문자 H와 소문자 h를 읽으면서 바르게 써보세요.

H H H

h h h

대문자 에이취

소문자 에이취

대문자 H와 소문자 h가 들어간 단어를 읽으면서 바르게 써보세요.

집 [하우스]

HOUSE house

햄버거 [햄버–거]

HAMBURGER hamburger

말 [호–스]

HORSE horse

모자 [핫]

HAT hat

하마 [히포우]

HIPPO hippo

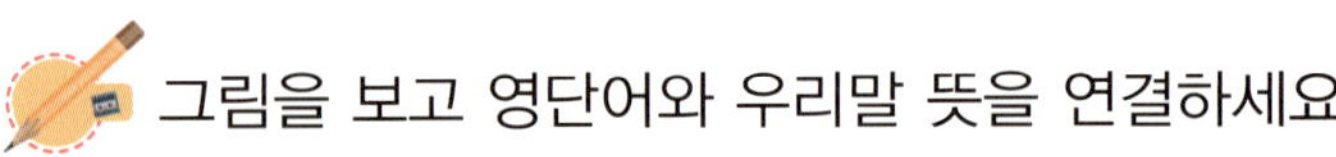

그림을 보고 영단어와 우리말 뜻을 연결하세요.

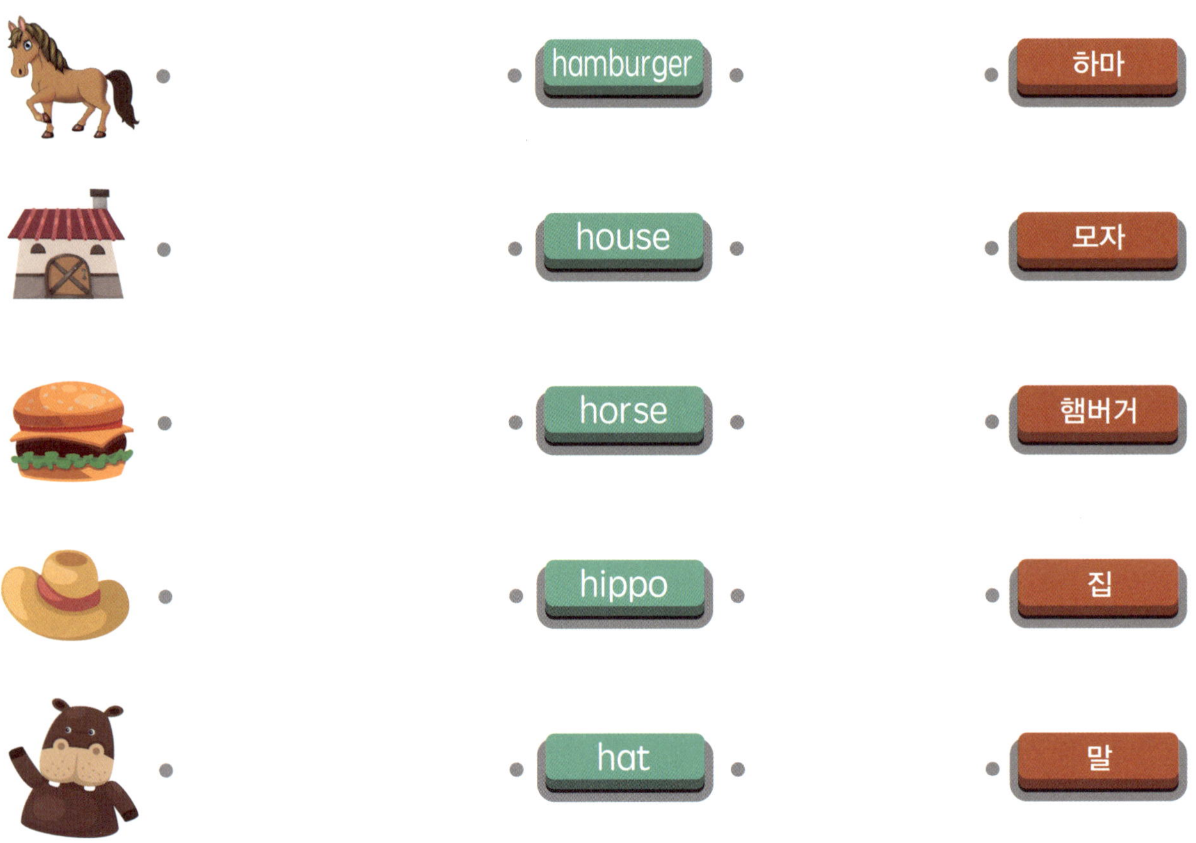

알맞은 철자를 넣어 퍼즐을 완성하여 써보세요.

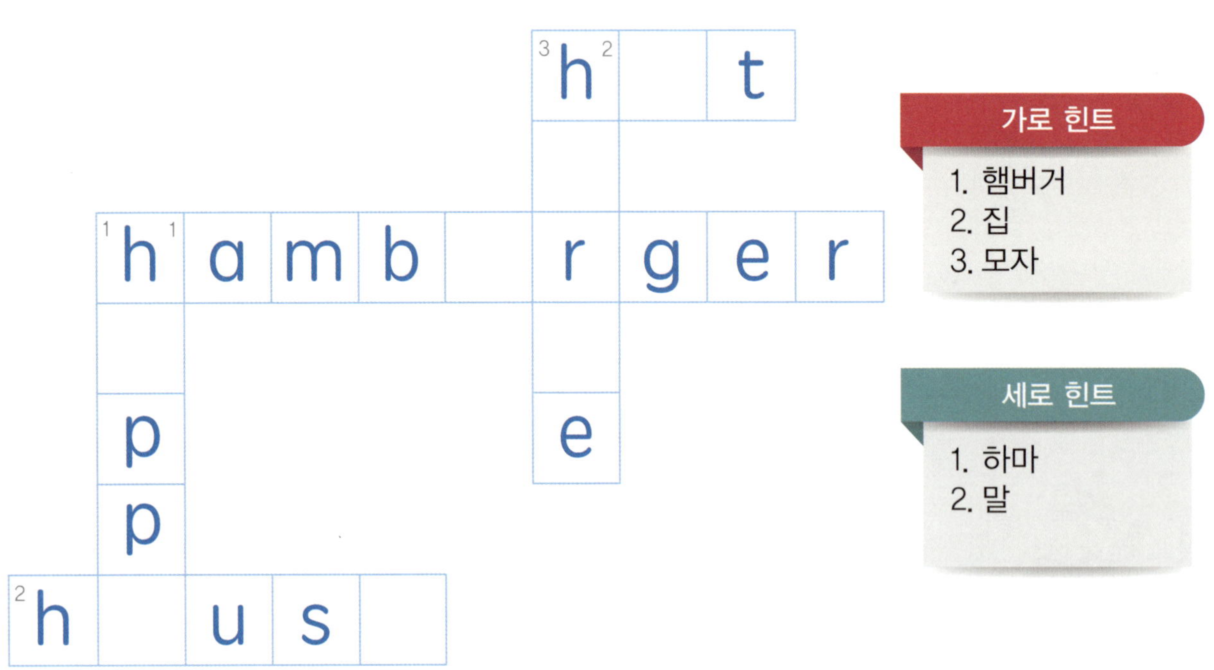

 단어와 뜻을 생각하면서 색칠해 보세요.

✏️ 우리말 뜻을 영단어로 써보세요.

1. 집

2. 햄버거

3. 말

4. 모자

5. 하마

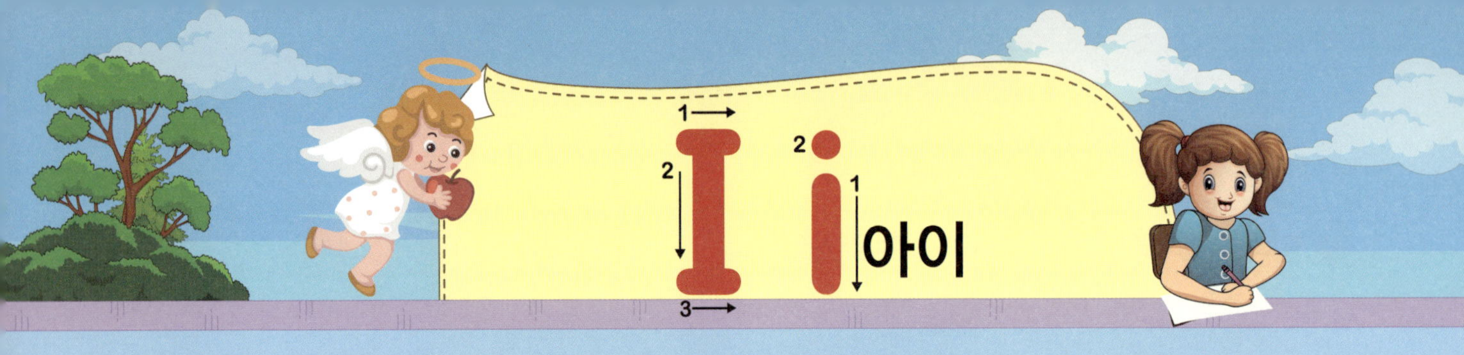

idea

ice cream

indian

ice

island

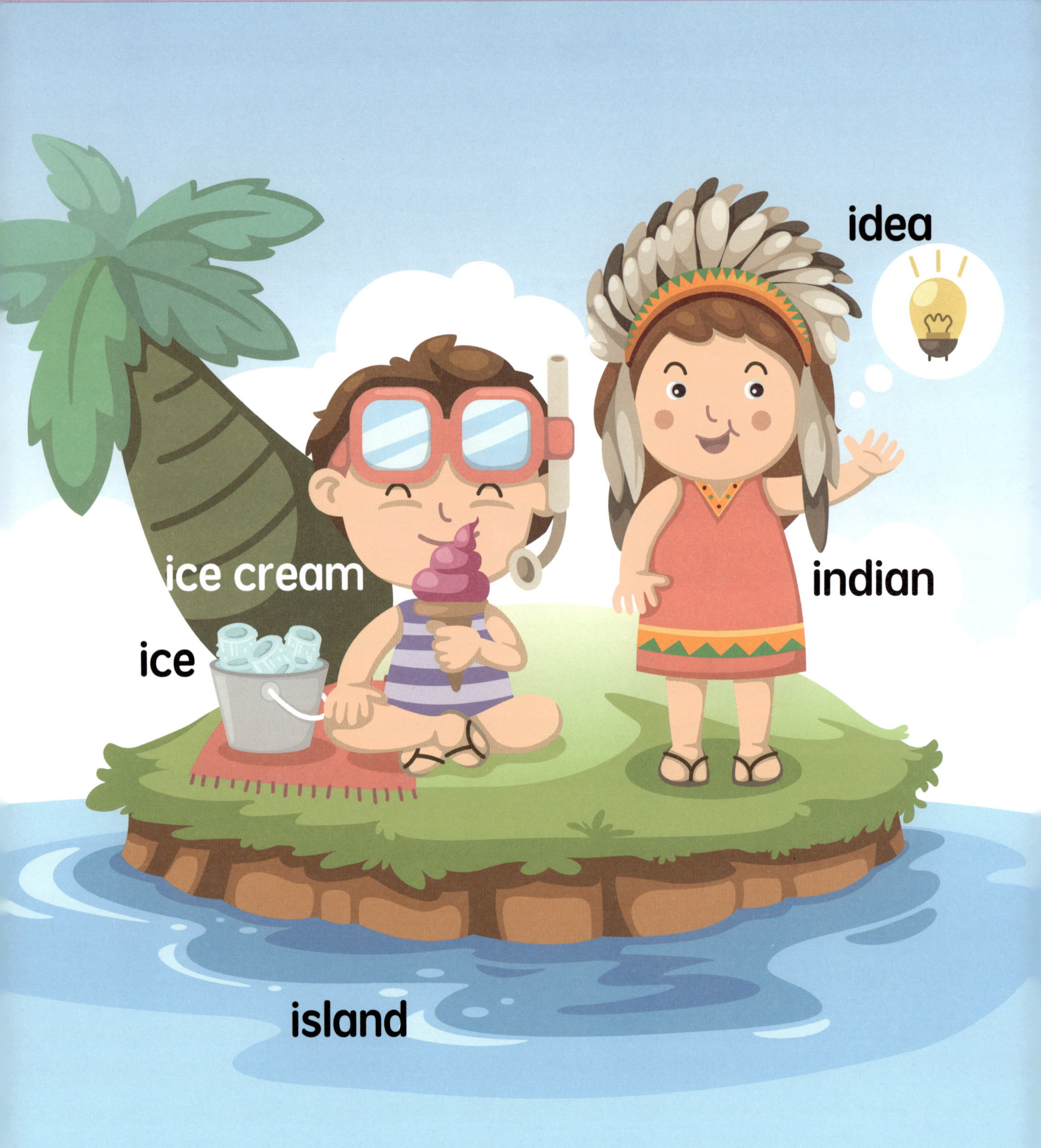

 대문자 I와 소문자 i를 읽으면서 바르게 써보세요.

대문자 **아이**

소문자 **아이**

대문자 I와 소문자 i가 들어간 단어를 읽으면서 바르게 써보세요.

ICE CREAM   ice cream

아이스크림 [아이스 크리-ㅁ]

ICE   ice

얼음 [아이스]

ISLAND   island

섬 [아일런드]

IDEA   idea

생각 [아이디-어]

INDIAN   indian

인디언 [인디언]

 그림을 보고 영단어와 우리말 뜻을 연결하세요.

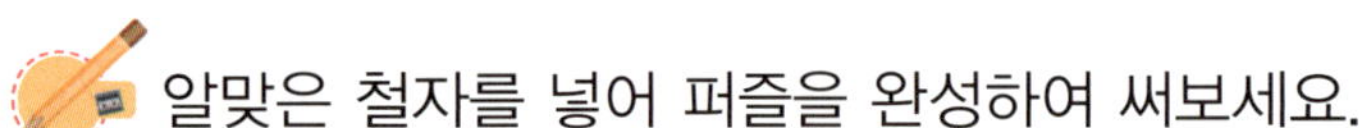 알맞은 철자를 넣어 퍼즐을 완성하여 써보세요.

 단어와 뜻을 생각하면서 색칠해 보세요.

우리말 뜻을 영단어로 써보세요.

1. 아이스크림

2. 얼음

3. 섬

4. 생각

5. 인디언

J j 제이

juice
jam
Jeans
jump
journal
NEWSPAPER
WORLD ECONOMICS NEWS
A B C

 대문자 J와 소문자 j를 읽으면서 바르게 써보세요.

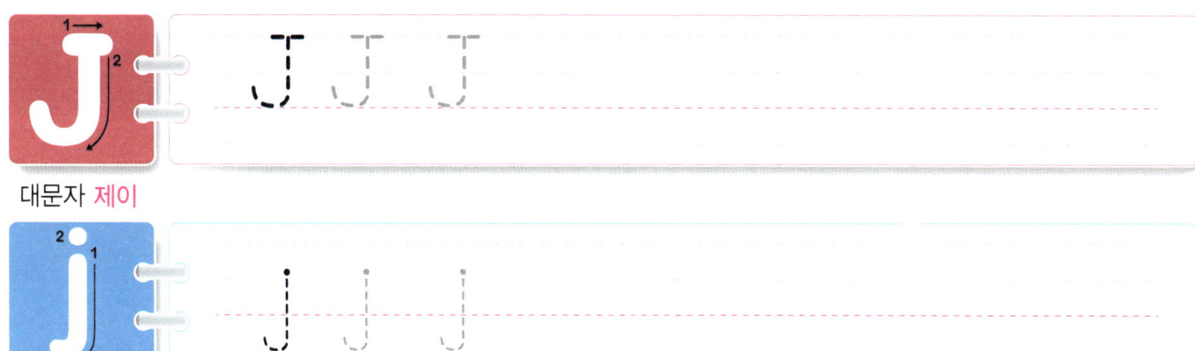

J J J

대문자 **제이**

j j j

소문자 **제이**

 대문자 J와 소문자 j가 들어간 단어를 읽으면서 바르게 써보세요.

JAM   jam

잼 [잼]

JUICE   juice

주스 [쥬-스]

JEANS   jeans

청바지 [진-즈]

JUMP   jump

뛰어 오르다 [점프]

JOURNAL   journal

정기 간행물 [저-늘]

 그림을 보고 영단어와 우리말 뜻을 연결하세요.

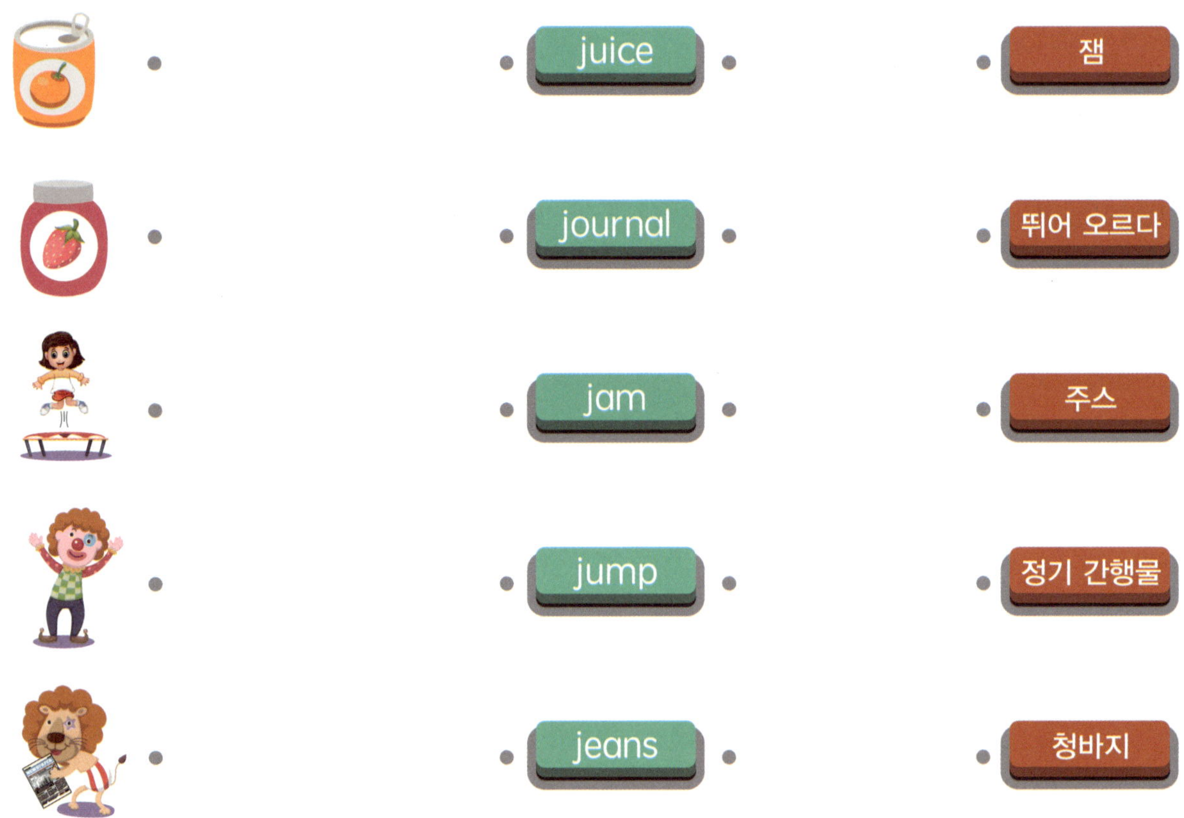

 알맞은 철자를 넣어 퍼즐을 완성하여 써보세요.

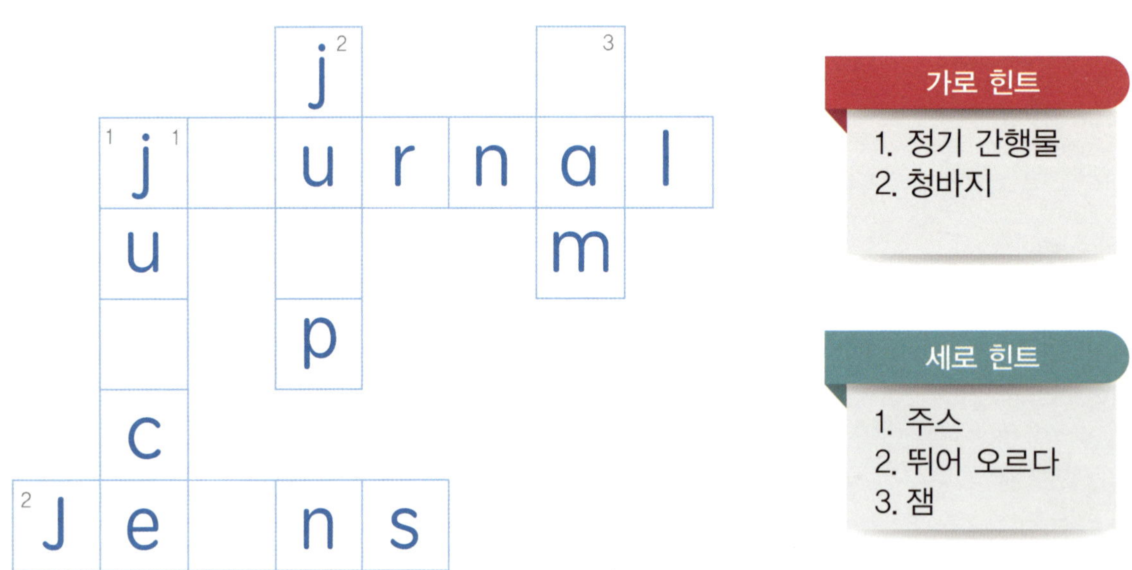

46

 단어와 뜻을 생각하면서 색칠해 보세요.

✏️ 우리말 뜻을 영단어로 써보세요.

1. 잼

2. 주스

3. 청바지

4. 뛰어 오르다

5. 정기 간행물

K k 케이

kite

king

korea

kick

kangaroo

 대문자 K와 소문자 k를 읽으면서 바르게 써보세요.

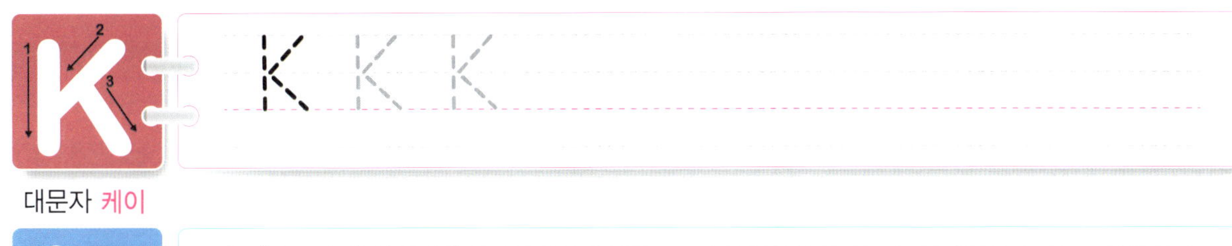

대문자 케이

소문자 케이

 대문자 K와 소문자 k가 들어간 단어를 읽으면서 바르게 써보세요.

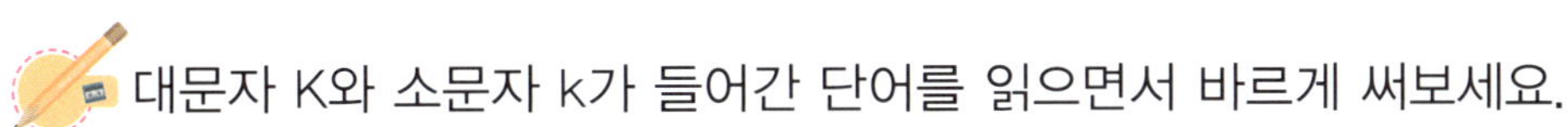

왕, 국왕 [킹]

KING king

~을 차다 [킥]

KICK kick

캥거루 [캥거루-]

KANGAROO kangaroo

연 [카이트]

KITE kite

대한민국 [커리-어]

KOREA korea

 그림을 보고 영단어와 우리말 뜻을 연결하세요.

kite	왕, 국왕
kick	캥거루
king	대한민국
kangaroo	~을 차다
korea	연

 알맞은 철자를 넣어 퍼즐을 완성하여 써보세요.

	2	2 i		k		
		i			k 3	
1 k	1 a	g	a	r	o	o
		g			r	
t						
e				a		

가로 힌트

1. 캥거루
2. ~을 차다

세로 힌트

1. 연
2. 왕, 국왕
3. 대한민국

 단어와 뜻을 생각하면서 색칠해 보세요.

우리말 뜻을 영단어로 써보세요.

1. 왕, 국왕

2. ~을 차다

3. 캥거루

4. 연

5. 대한민국

L l 엘

leaf

lion

lock

lemon

light

✏️ 대문자 L과 소문자 l을 읽으면서 바르게 써보세요.

✏️ 대문자 L과 소문자 l이 들어간 단어를 읽으면서 바르게 써보세요.

사자 [라이언]
LION   lion

나뭇잎 [리-프]
LEAF   leaf

레몬 [레먼]
LEMON   lemon

잠그다, 자물쇠 [락]
LOCK   lock

빛, 조명 [라이트]
LIGHT   light

 그림을 보고 영단어와 우리말 뜻을 연결하세요.

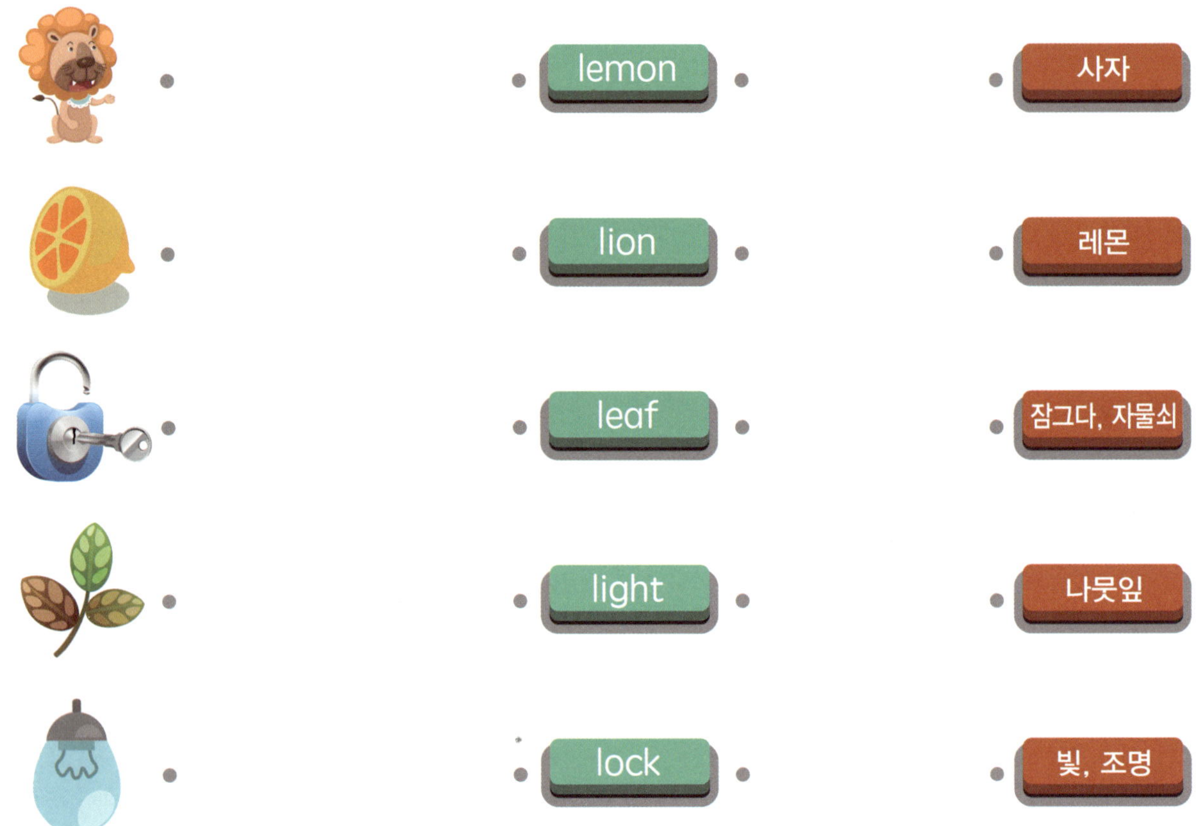

 알맞은 철자를 넣어 퍼즐을 완성하여 써보세요.

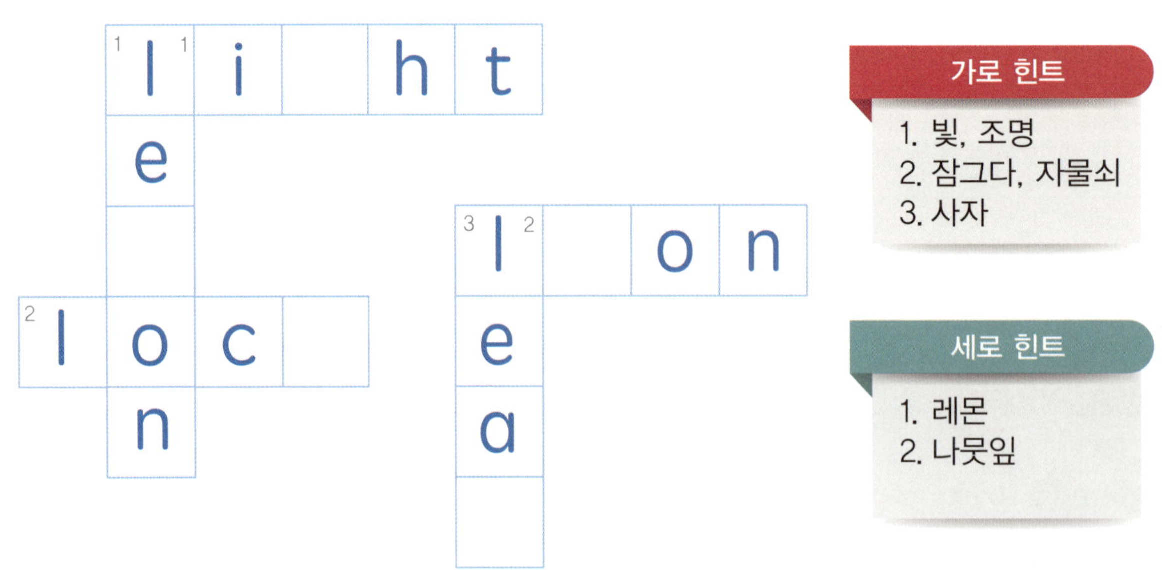

 단어와 뜻을 생각하면서 색칠해 보세요.

우리말 뜻을 영단어로 써보세요.

1. 사자

2. 나뭇잎

3. 레몬

4. 잠그다, 자물쇠

5. 빛, 조명

M m
엠
magnet
mouse
moon
magic
monkey

 대문자 M과 소문자 m을 읽으면서 바르게 써보세요.

M M M M

대문자 **엠**

m m m

소문자 **엠**

 대문자 M과 소문자 m이 들어간 단어를 읽으면서 바르게 써보세요.

쥐 [마우스]

MOUSE   mouse

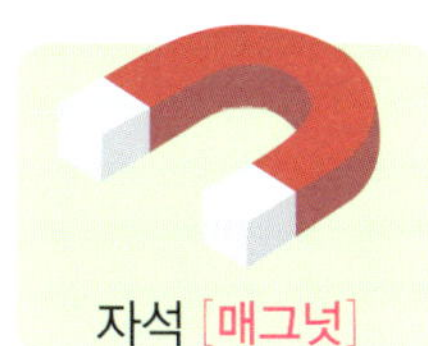
자석 [매그넛]

MAGNET   magnet

달, 위성 [무운]

MOON   moon

마술, 마법 [매직]

MAGIC   magic

원숭이 [멍키]

MONKEY   monkey

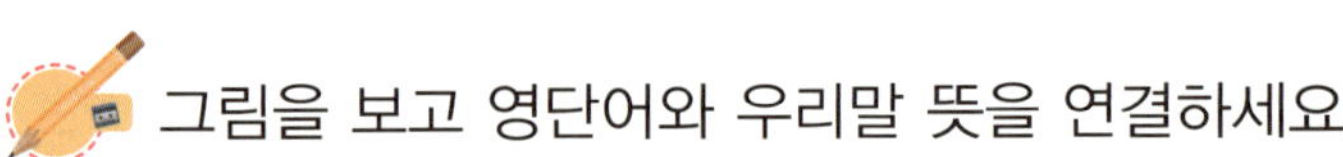 그림을 보고 영단어와 우리말 뜻을 연결하세요.

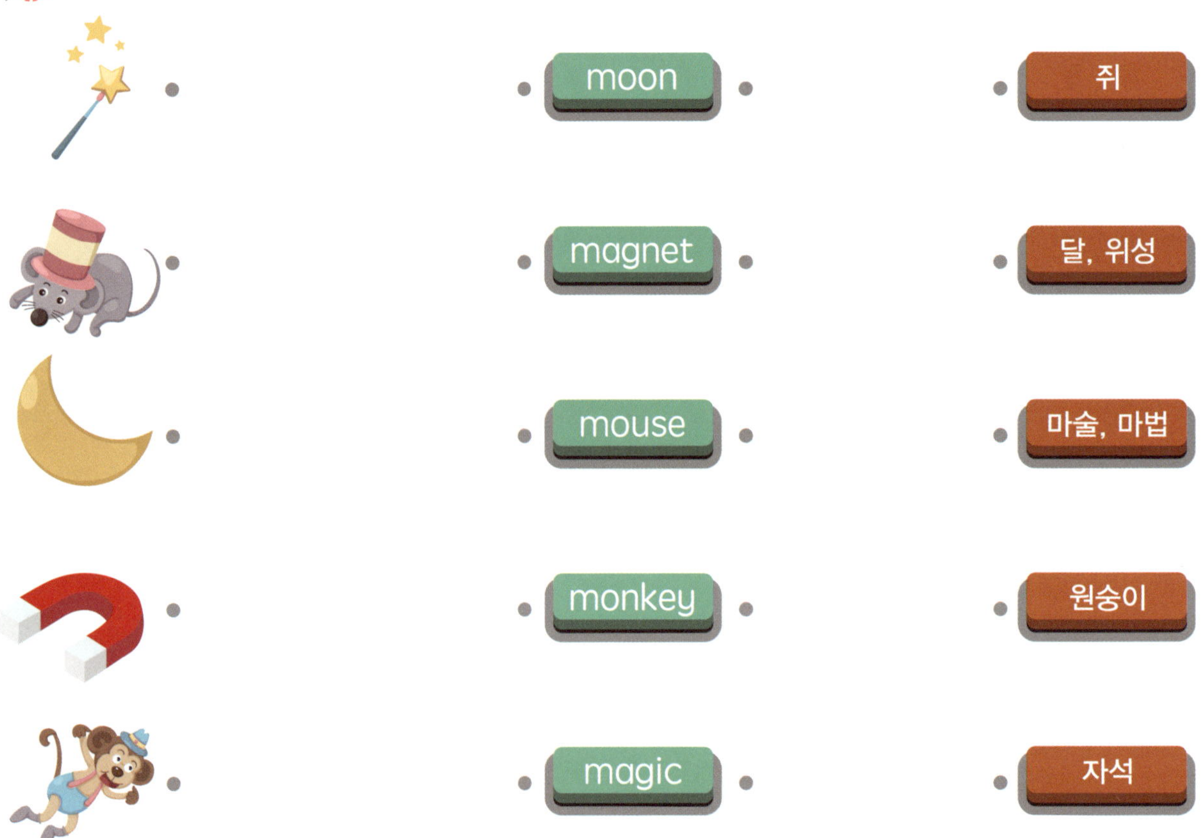

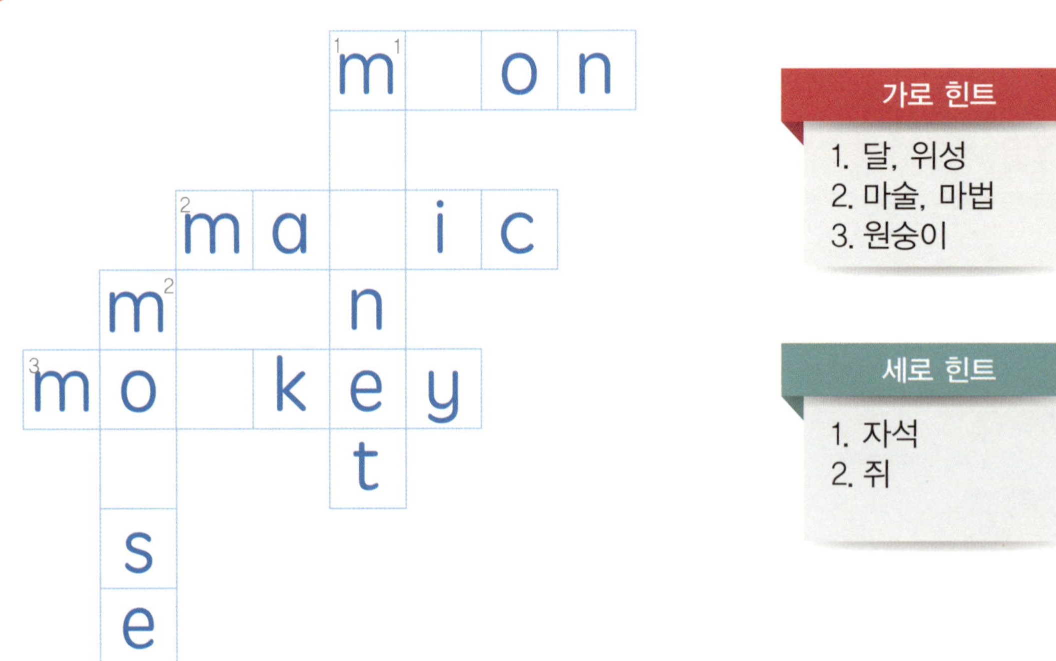 알맞은 철자를 넣어 퍼즐을 완성하여 써보세요.

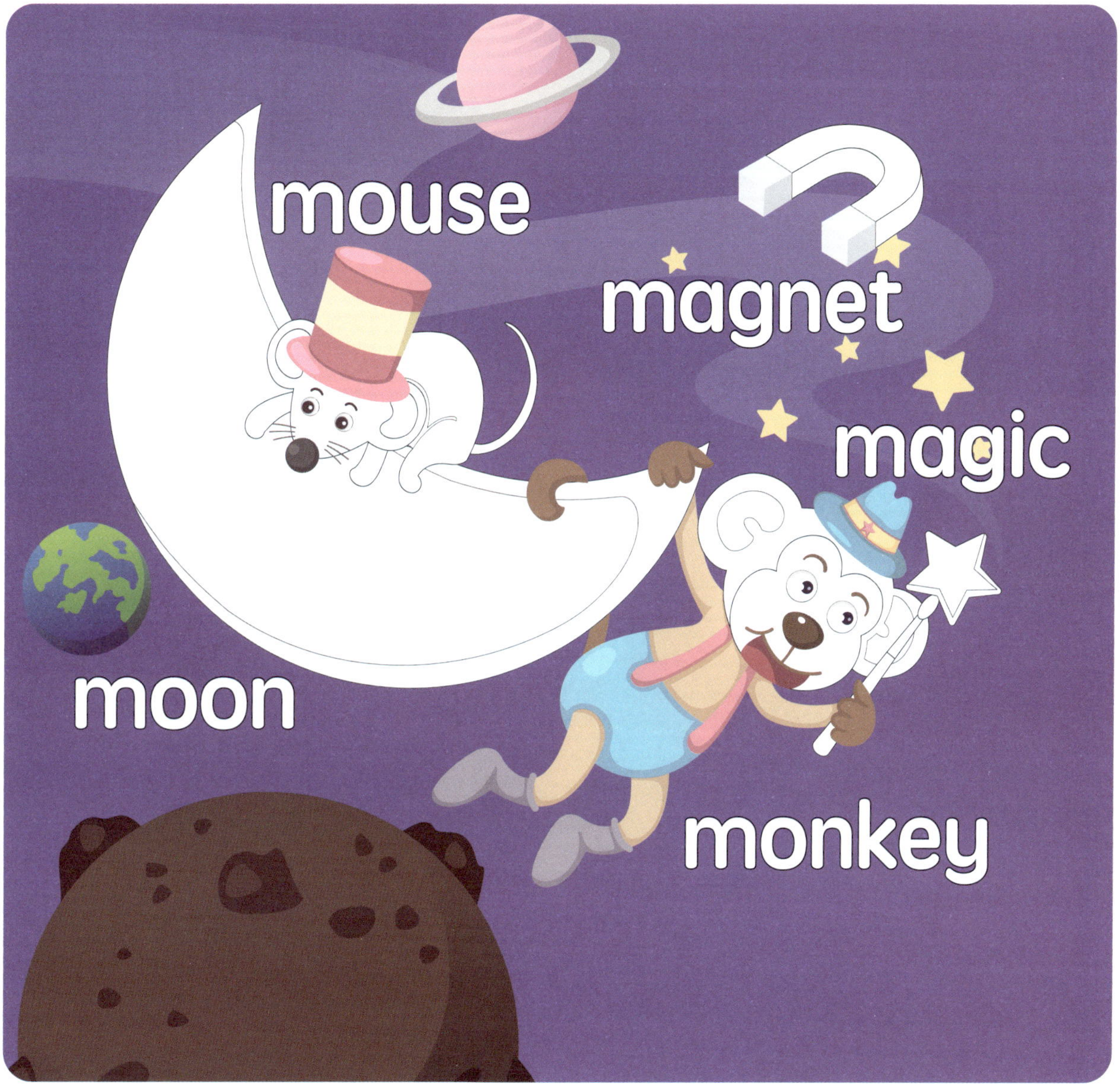

우리말 뜻을 영단어로 써보세요.

1. 쥐

2. 자석

3. 달, 위성

4. 마술, 마법

5. 원숭이

N n
엔
nature
note
nest
nurse
nine
9
60

 대문자 N과 소문자 n을 읽으면서 바르게 써보세요.

N N N N

대문자 엔

n n n n

소문자 엔

 대문자 N과 소문자 n이 들어간 단어를 읽으면서 바르게 써보세요.

NATURE nature

자연, 성격 [네이쳐]

NOTE note

기록 [노-트]

NINE nine

아홉 [나인]

NEST nest

둥지 [네스트]

NURSE nurse

간호사 [너-스]

 그림을 보고 영단어와 우리말 뜻을 연결하세요.

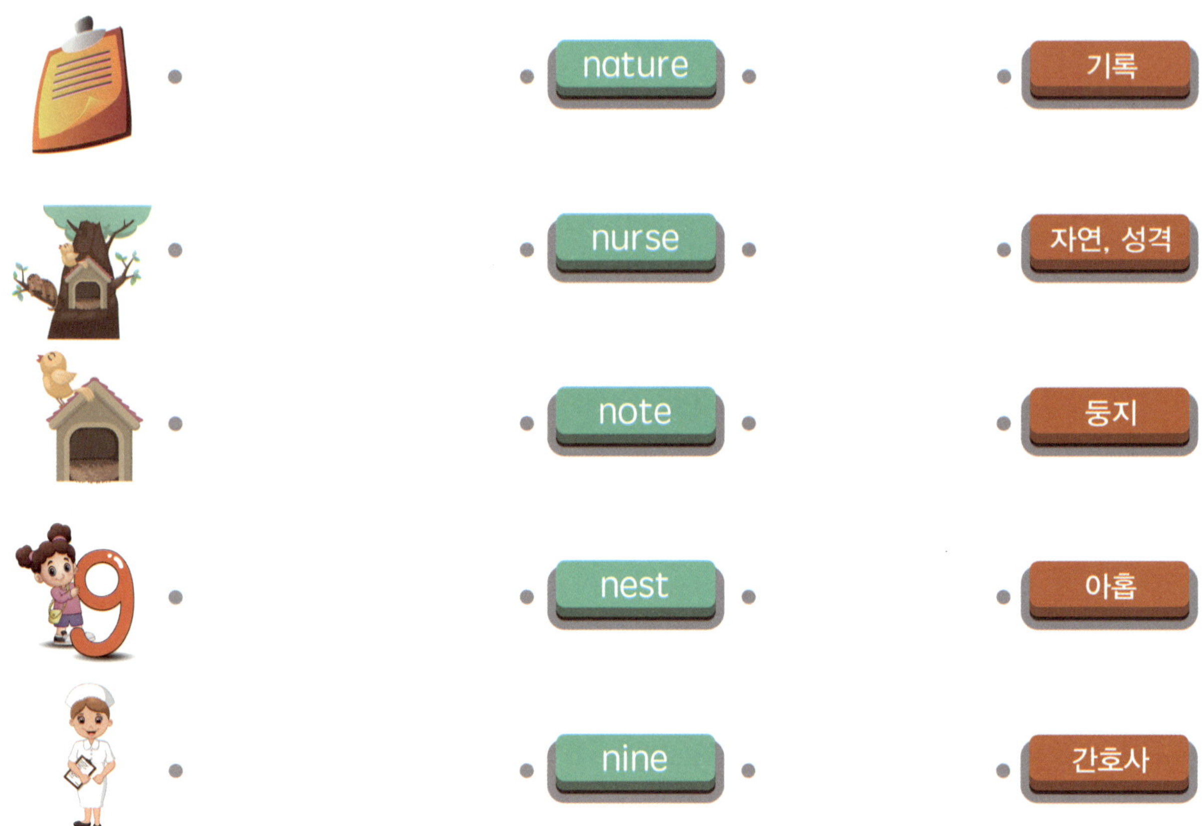

 알맞은 철자를 넣어 퍼즐을 완성하여 써보세요.

단어와 뜻을 생각하면서 색칠해 보세요.

우리말 뜻을 영단어로 써보세요.

1. 자연, 성격　　　　　　　　　4. 둥지

2. 기록　　　　　　　　　5. 간호사

3. 아홉

O o 오우

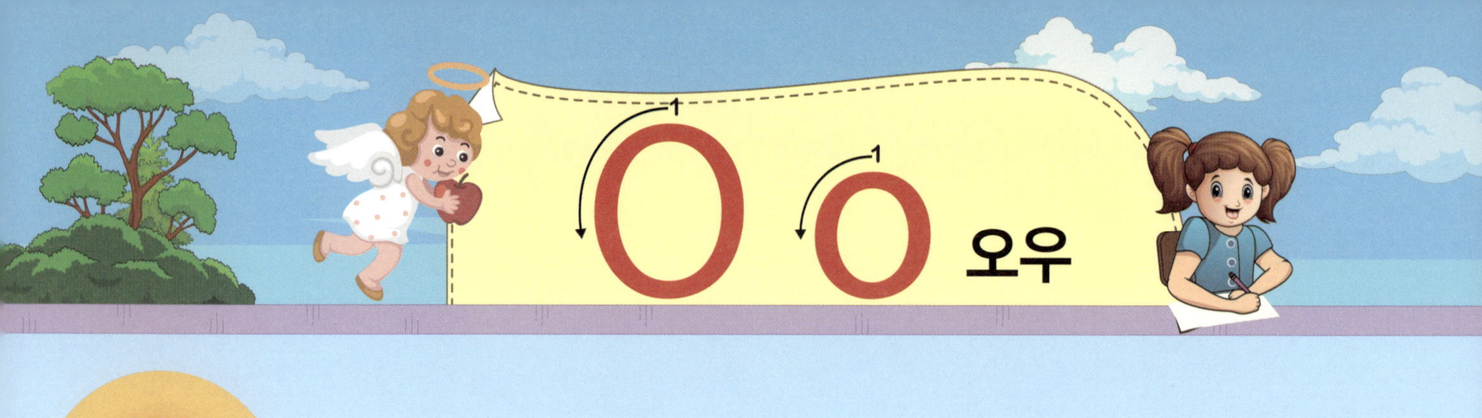

ostrich
owl
onion
orange
octopus

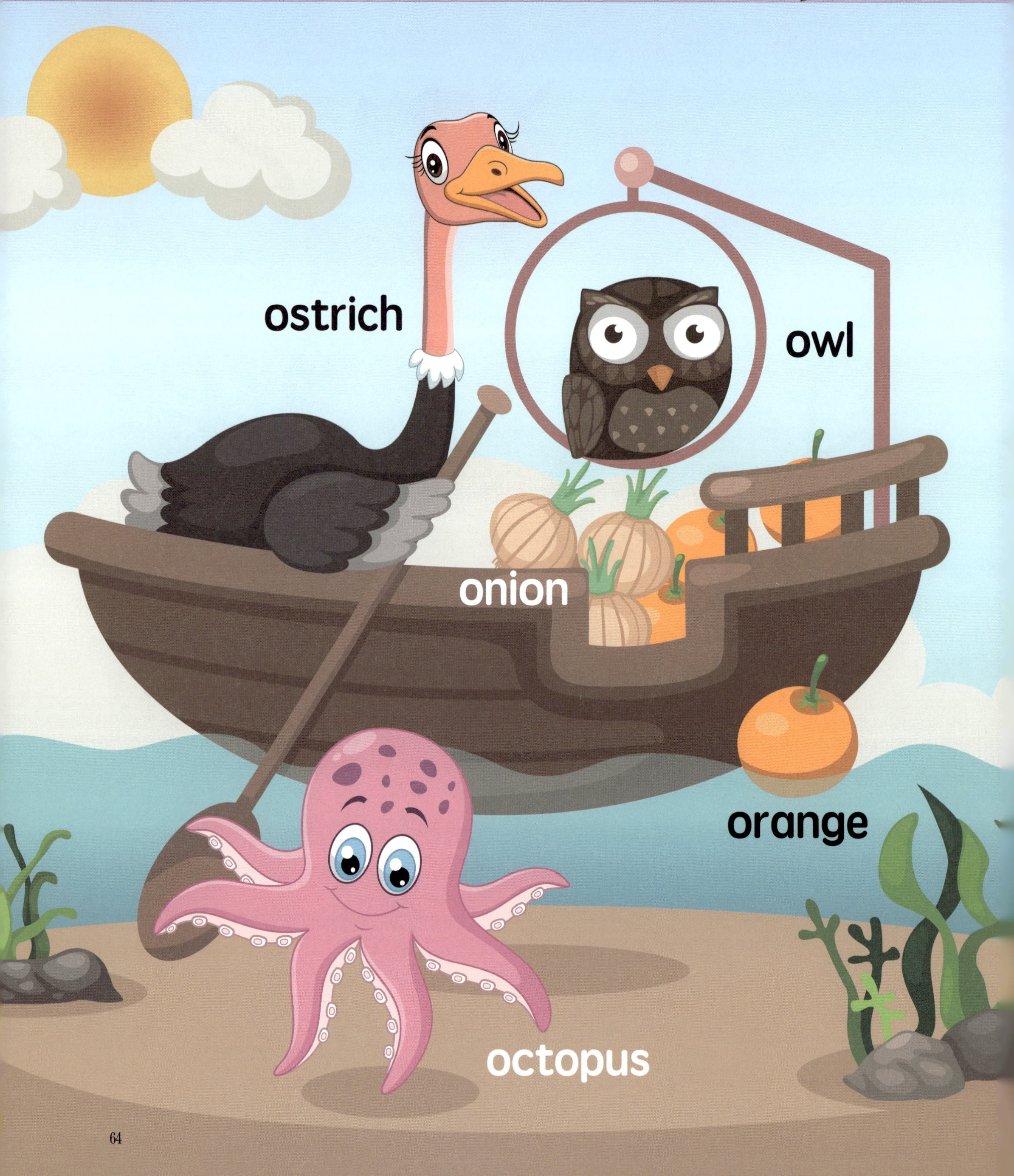

 대문자 O와 소문자 o를 읽으면서 바르게 써보세요.

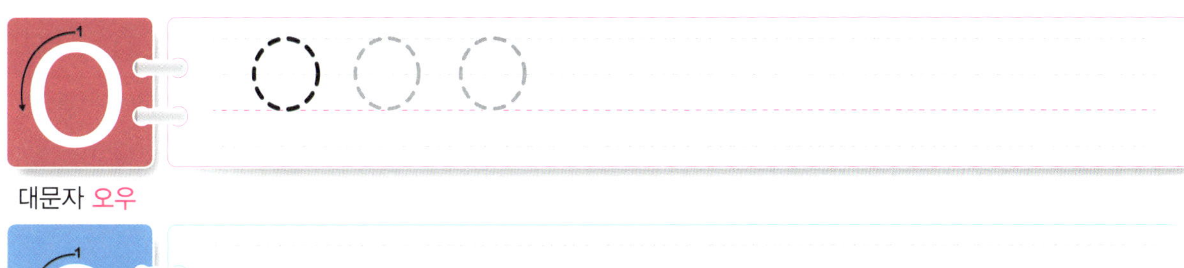

대문자 오우

소문자 오우

 대문자 O와 소문자 o가 들어간 단어를 읽으면서 바르게 써보세요.

OSTRICH　　ostrich

타조 [오-스트리치]

OWL　　owl

올빼미, 부엉이 [아울]

ONION　　onion

양파 [어니언]

ORANGE　　orange

오렌지 [어-린쥐]

OCTOPUS　　octopus

문어 [악터퍼스]

 그림을 보고 영단어와 우리말 뜻을 연결하세요.

 알맞은 철자를 넣어 퍼즐을 완성하여 써보세요.

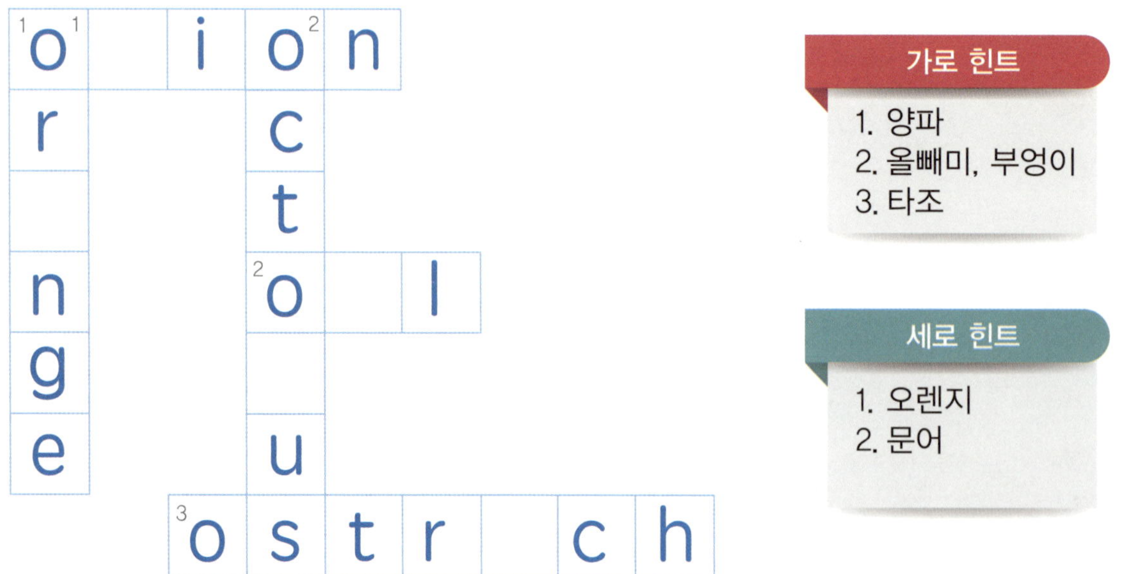

 단어와 뜻을 생각하면서 색칠해 보세요.

✏️ 우리말 뜻을 영단어로 써보세요.

1. 타조

2. 올빼미, 부엉이

3. 양파

4. 오렌지

5. 문어

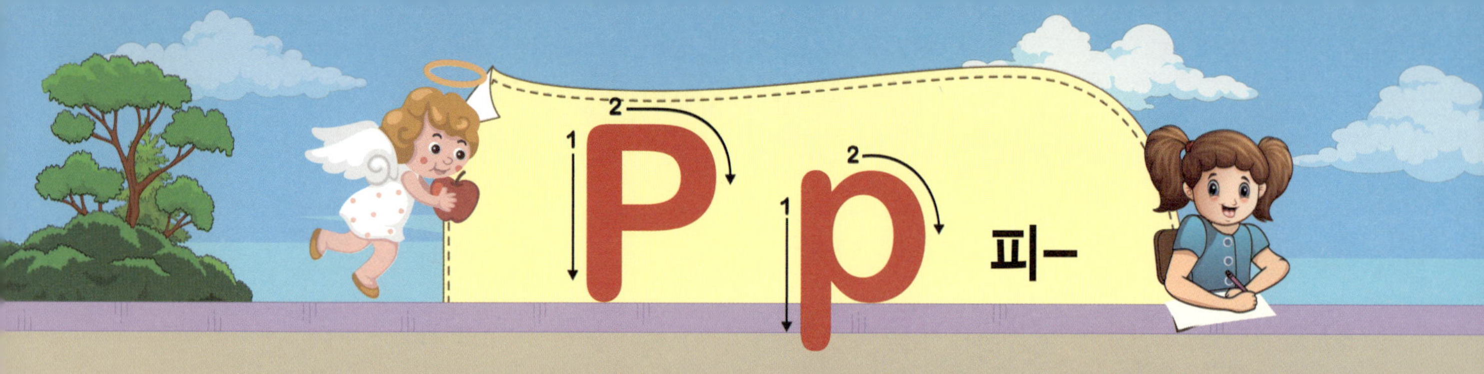

panda

pig

pizza

pencil

plane

 대문자 P와 소문자 p를 읽으면서 바르게 써보세요.

P   P   P   P

대문자 피-

p   p   p   p

소문자 피-

대문자 P와 소문자 p가 들어간 단어를 읽으면서 바르게 써보세요.

돼지 [피그]

PIG   pig

팬더 [팬더]

PANDA   panda

피자 [피-처]

PIZZA   pizza

연필 [펜설]

PENCIL   pencil

비행기 [플레인]

PLANE   plane

 그림을 보고 영단어와 우리말 뜻을 연결하세요.

 알맞은 철자를 넣어 퍼즐을 완성하여 써보세요.

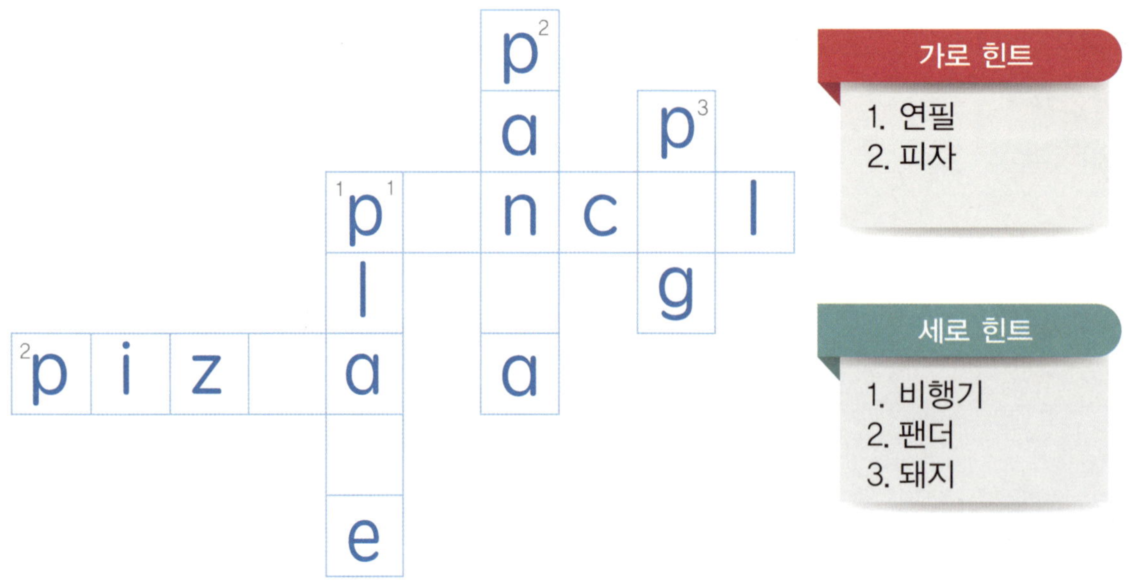

 단어와 뜻을 생각하면서 색칠해 보세요.

우리말 뜻을 영단어로 써보세요.

1. 돼지

2. 팬더

3. 연필

4. 비행기

5. 피자

Q q 큐–

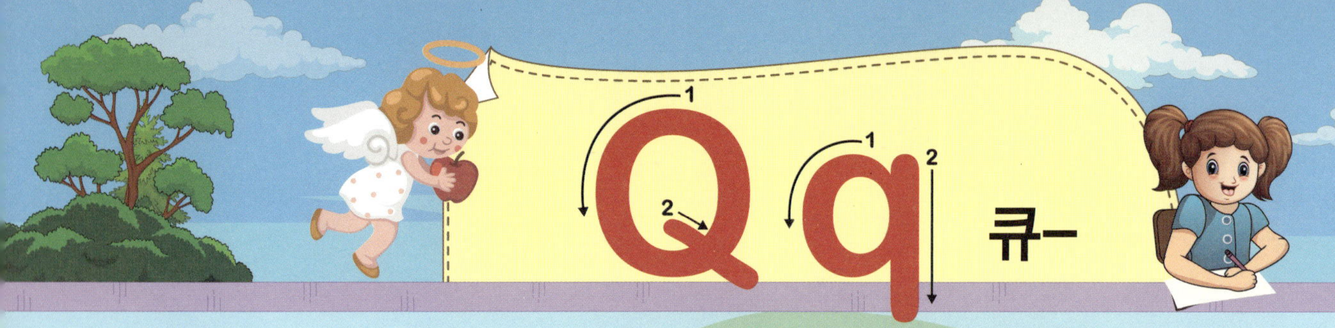

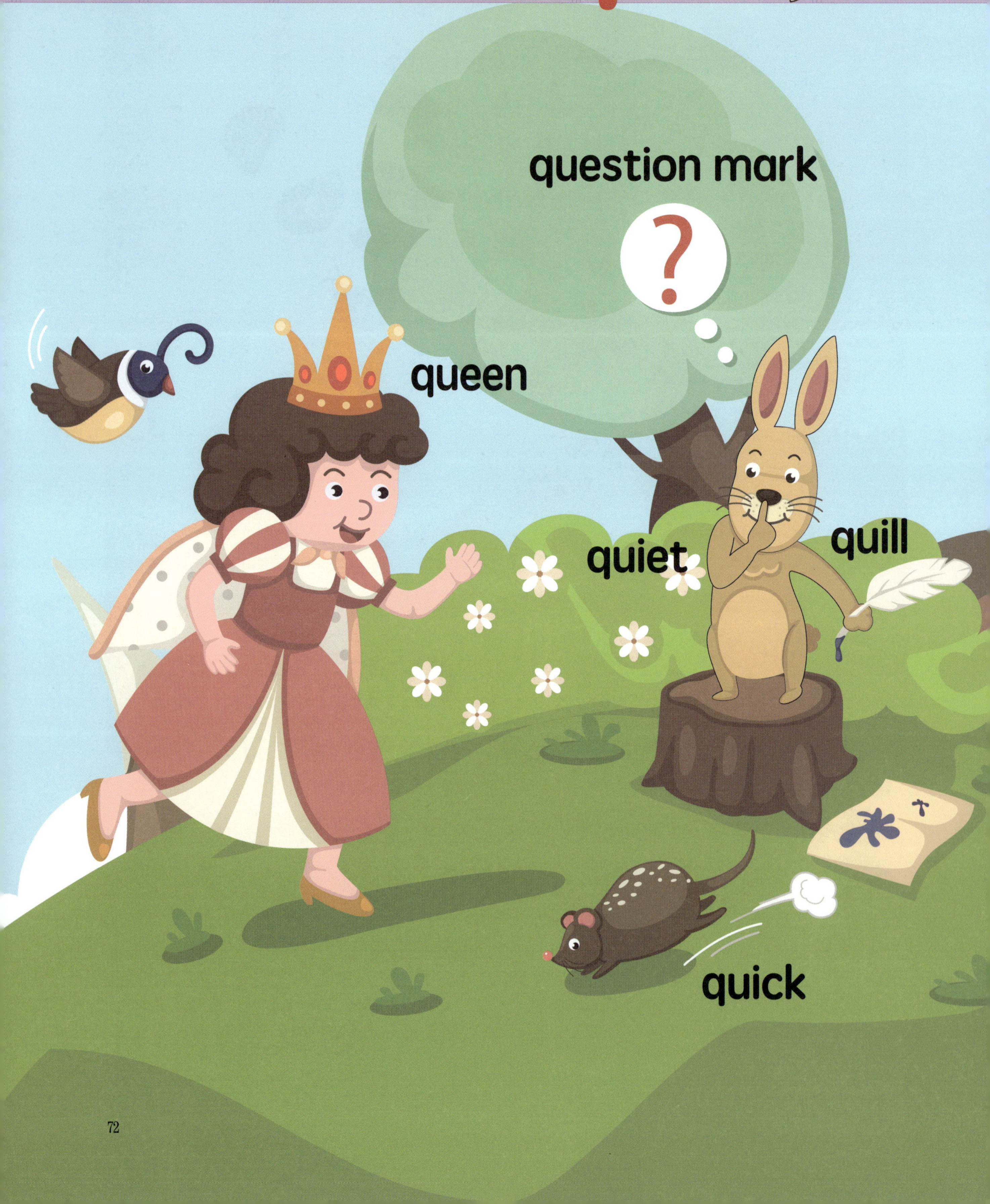
question mark
?
queen
quiet
quill
quick

 대문자 Q와 소문자 q를 읽으면서 바르게 써보세요.

대문자 **큐-**

소문자 **큐-**

 대문자 Q와 소문자 q가 들어간 단어를 읽으면서 바르게 써보세요.

여왕 [퀴-ㄴ]

QUEEN queen

물음표 [퀘스천 마-크]

QUESTION MARK question mark

조용히 [콰이얻]

QUIET quiet

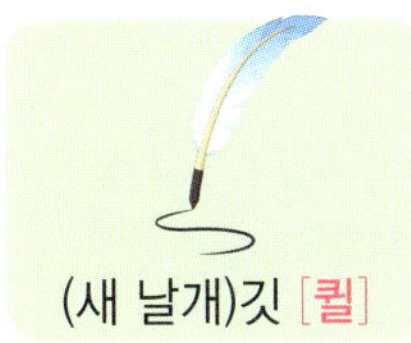

(새 날개)깃 [퀼]

QUILL quill

빠른 [퀵]

QUICK quick

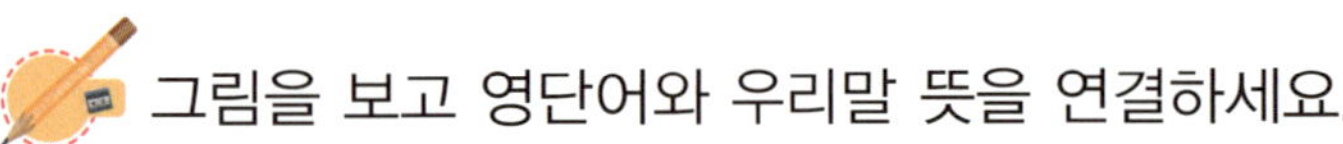
그림을 보고 영단어와 우리말 뜻을 연결하세요.

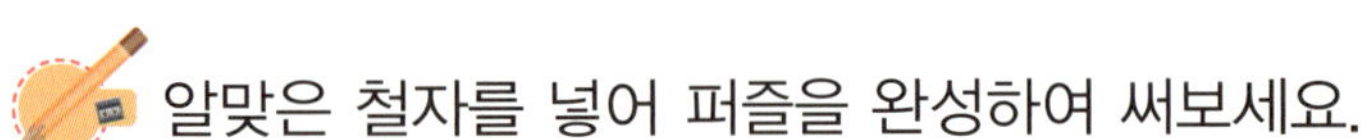
알맞은 철자를 넣어 퍼즐을 완성하여 써보세요.

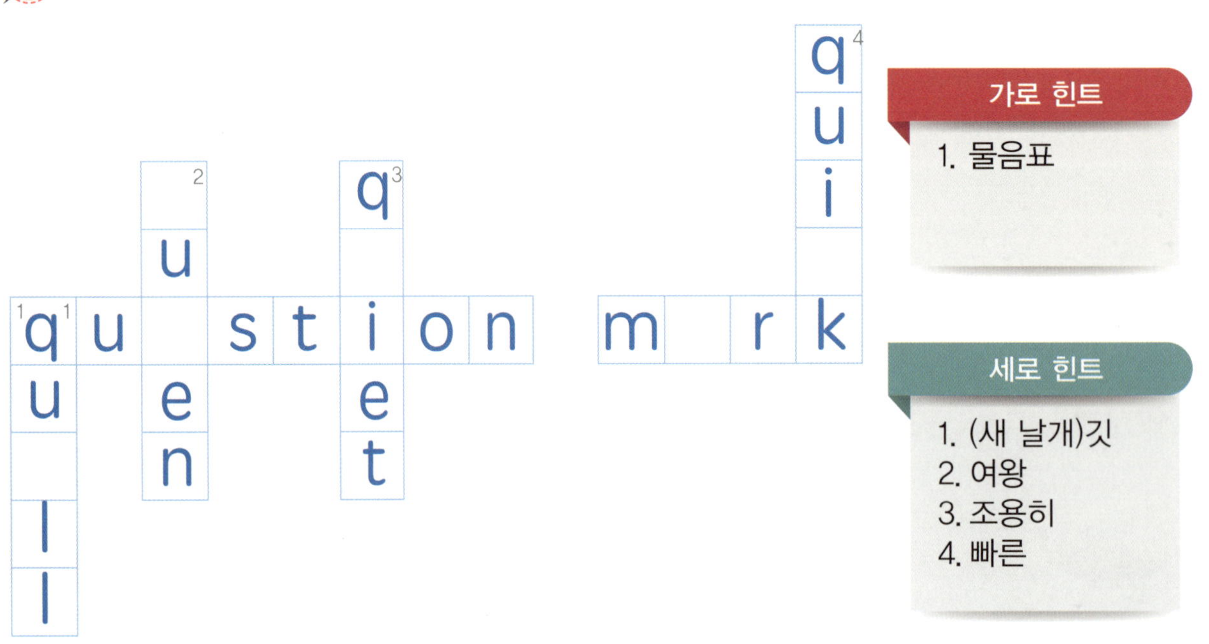

 단어와 뜻을 생각하면서 색칠해 보세요.

우리말 뜻을 영단어로 써보세요.

1. 빠른

2. 여왕

3. 물음표

4. 조용히

5. (새 날개)깃

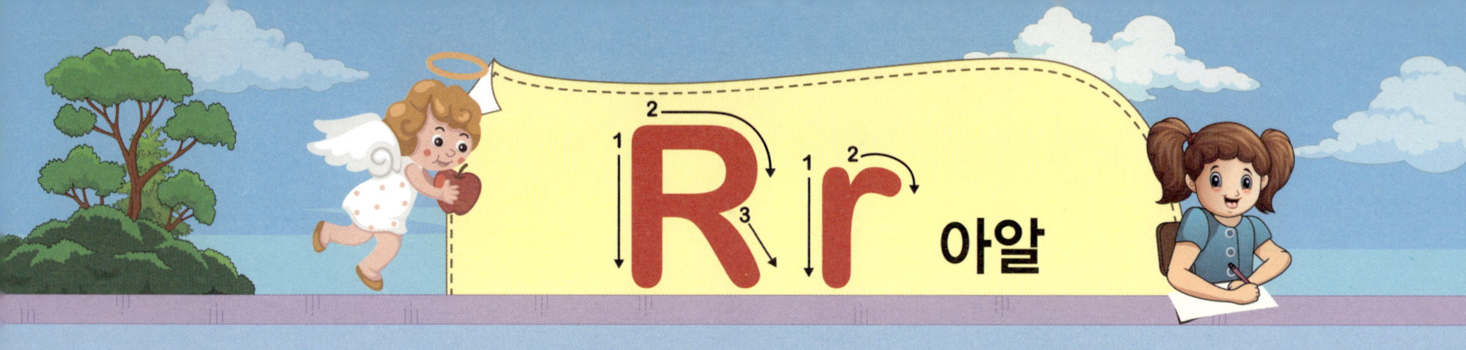

R r 아알

rocket

rainbow

rain

rose

rabbit

 대문자 R과 소문자 r을 읽으면서 바르게 써보세요.

R R R

대문자 **아알**

r r r

소문자 **아알**

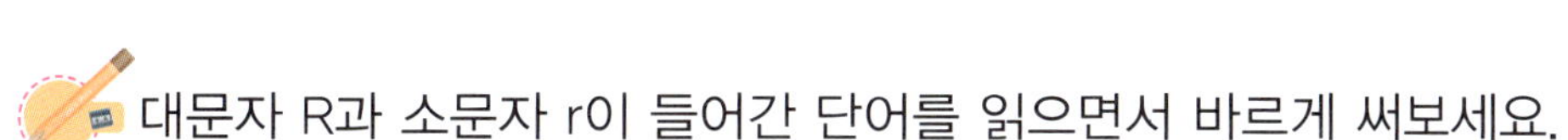 대문자 R과 소문자 r이 들어간 단어를 읽으면서 바르게 써보세요.

로켓 [라킷]

ROCKET　　　rocket

무지개 [레인보우]

RAINBOW　　　rainbow

비 [레인]

RAIN　　　rain

장미 [로우즈]

ROSE　　　rose

(집)토끼 [래빗]

RABBIT　　　rabbit

 그림을 보고 영단어와 우리말 뜻을 연결하세요.

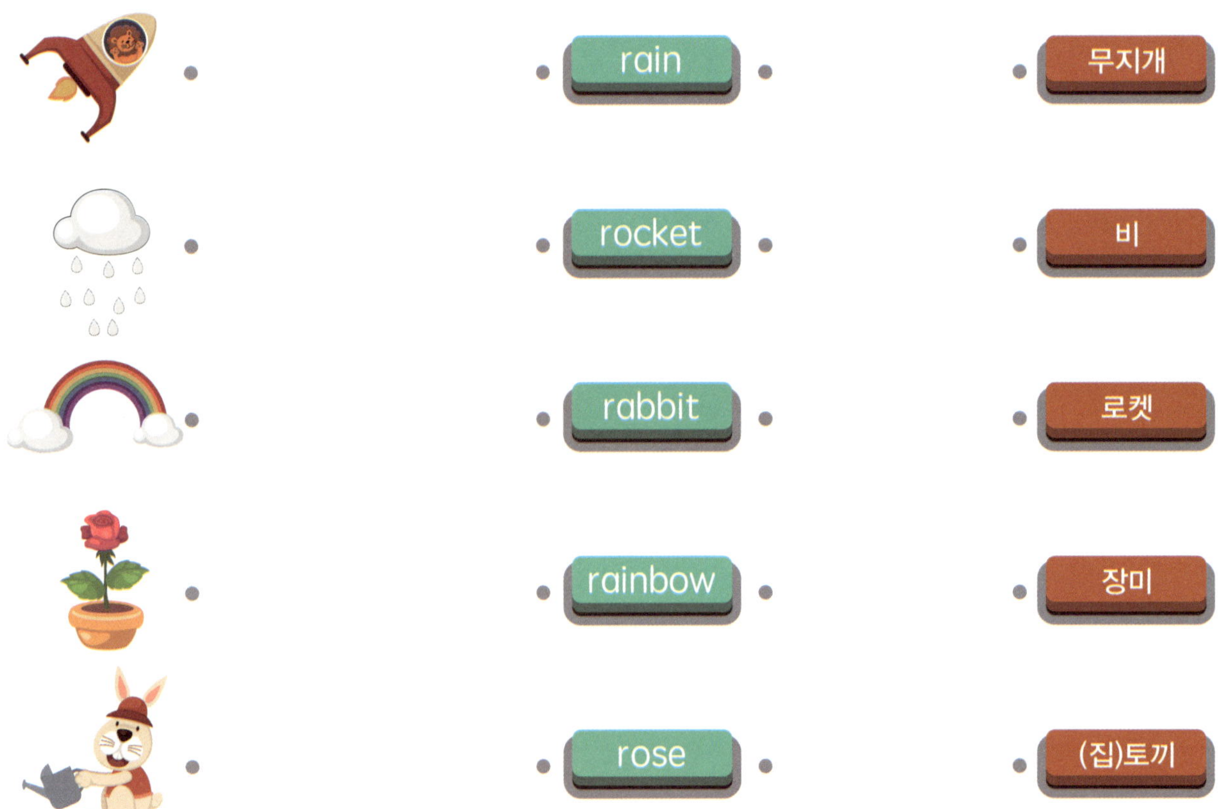

 알맞은 철자를 넣어 퍼즐을 완성하여 써보세요.

가로 힌트

1. 무지개
2. 장미

세로 힌트

1. 로켓
2. 비
3. (집)토끼

 단어와 뜻을 생각하면서 색칠해 보세요.

 우리말 뜻을 영단어로 써보세요.

1. 장미

2. 로켓

3. (집)토끼

4. 무지개

5. 비

Ss 에쓰

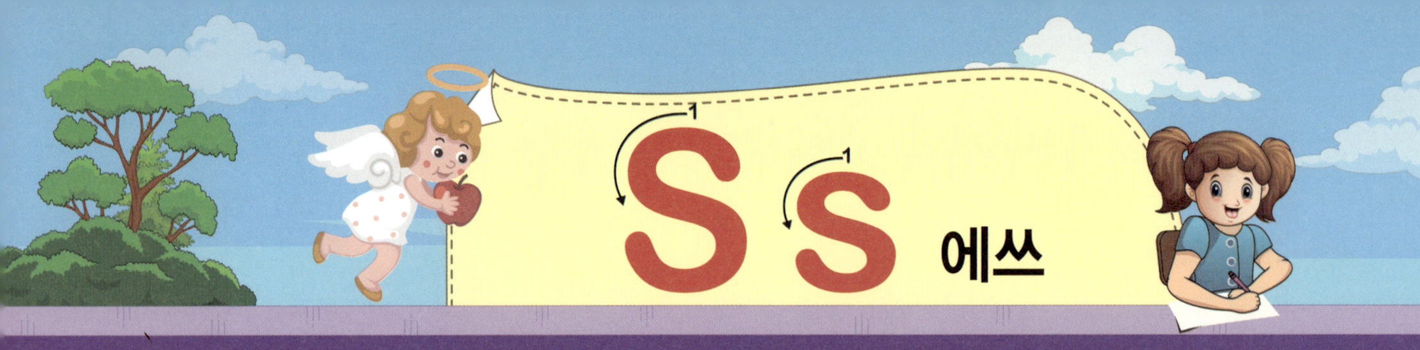

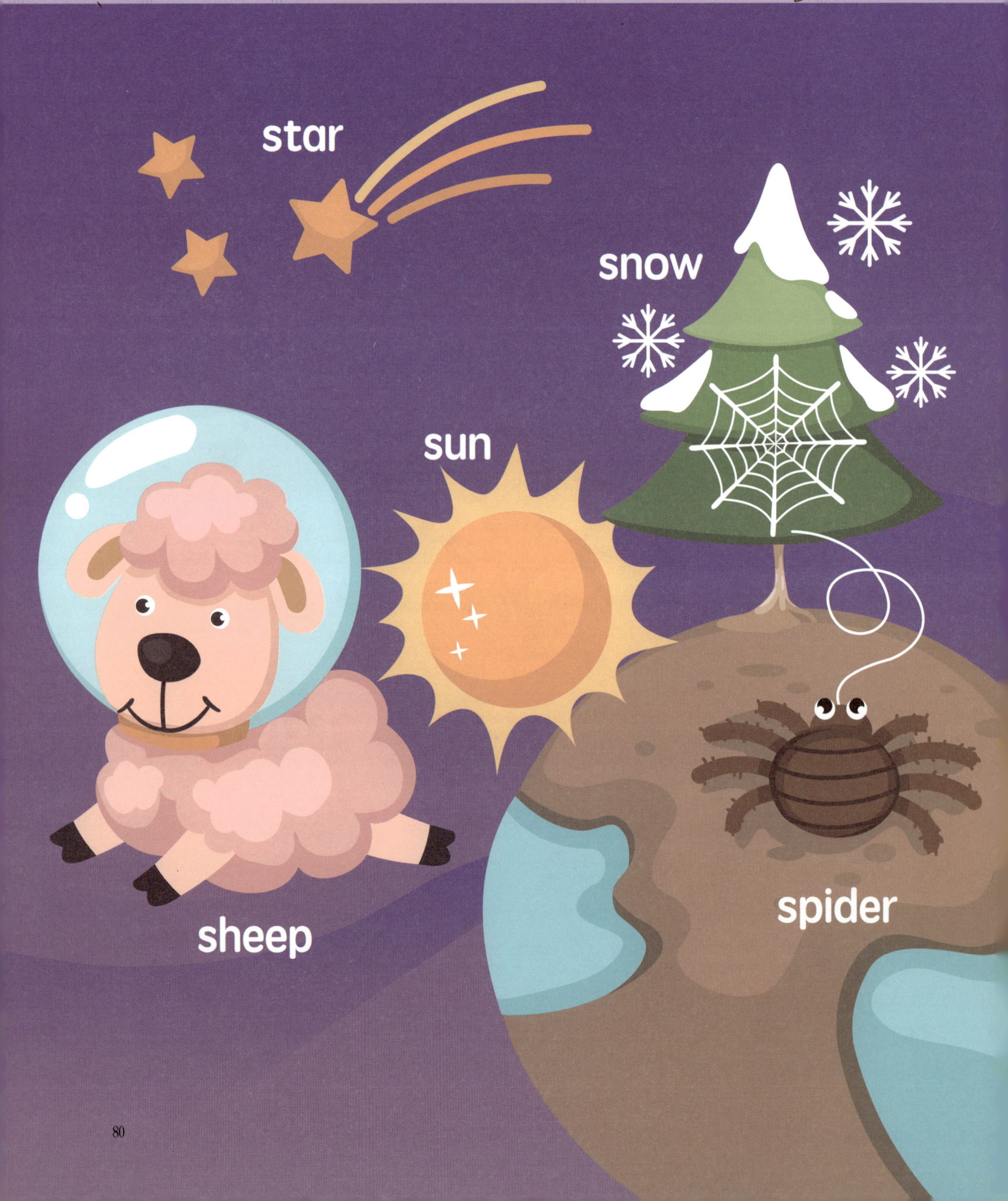
star
snow
sun
sheep
spider

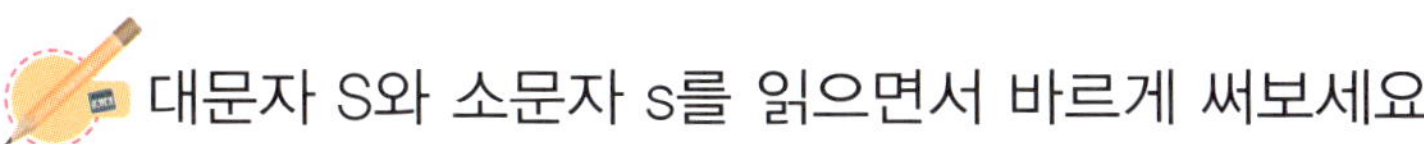
대문자 S와 소문자 s를 읽으면서 바르게 써보세요.

S S S S

대문자 에쓰

s s s s

소문자 에쓰

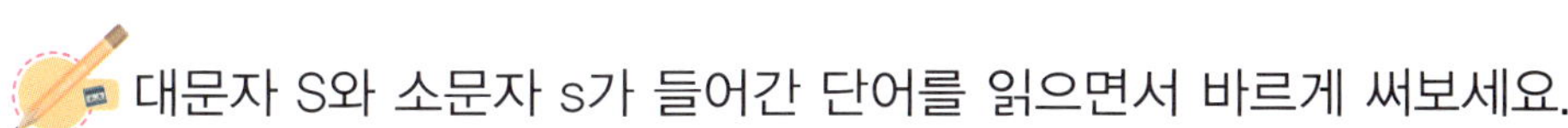
대문자 S와 소문자 s가 들어간 단어를 읽으면서 바르게 써보세요.

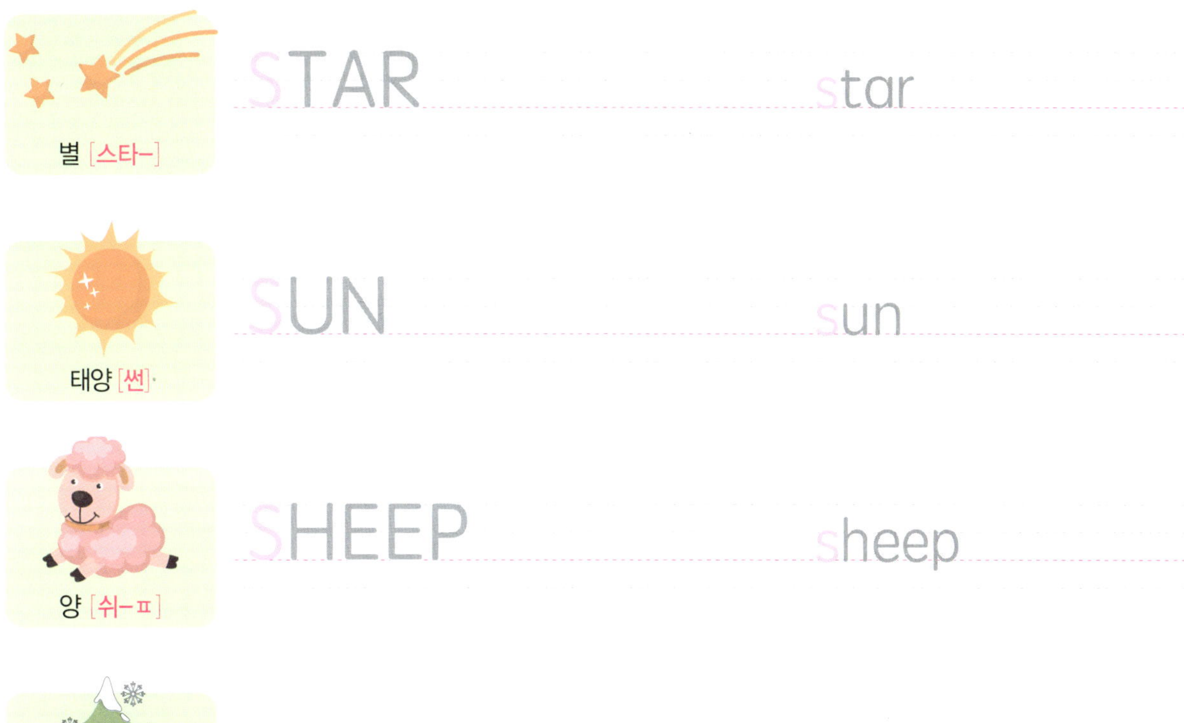

STAR　　star

별 [스타-]

SUN　　sun

태양 [썬]·

SHEEP　　sheep

양 [쉬-ㅍ]

SNOW　　snow

눈 [스노우]

SPIDER　　spider

거미 [스파이더]

 그림을 보고 영단어와 우리말 뜻을 연결하세요.

 알맞은 철자를 넣어 퍼즐을 완성하여 써보세요.

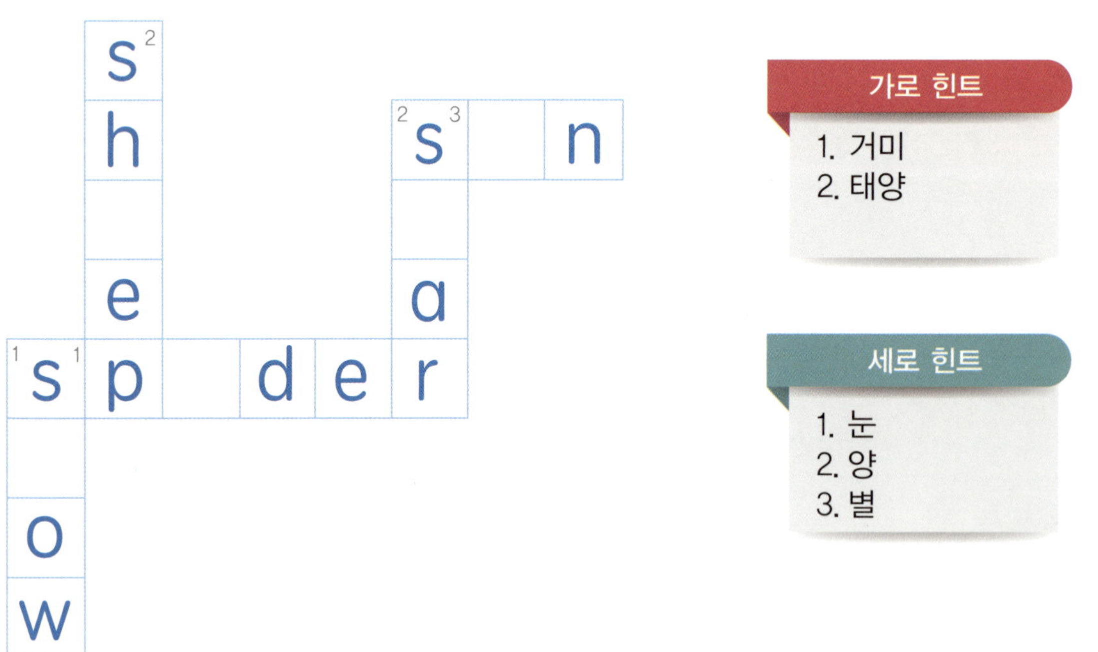

 단어와 뜻을 생각하면서 색칠해 보세요.

우리말 뜻을 영단어로 써보세요.

1. 양

4. 태양

2. 별

5. 눈

3. 거미

T t 티–

tree
toothbrush
teeth
tomato
tiger

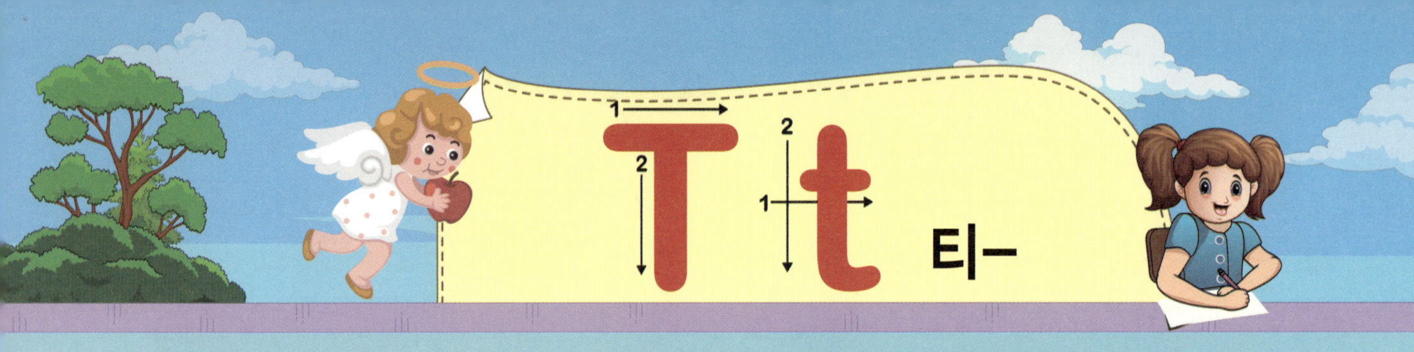

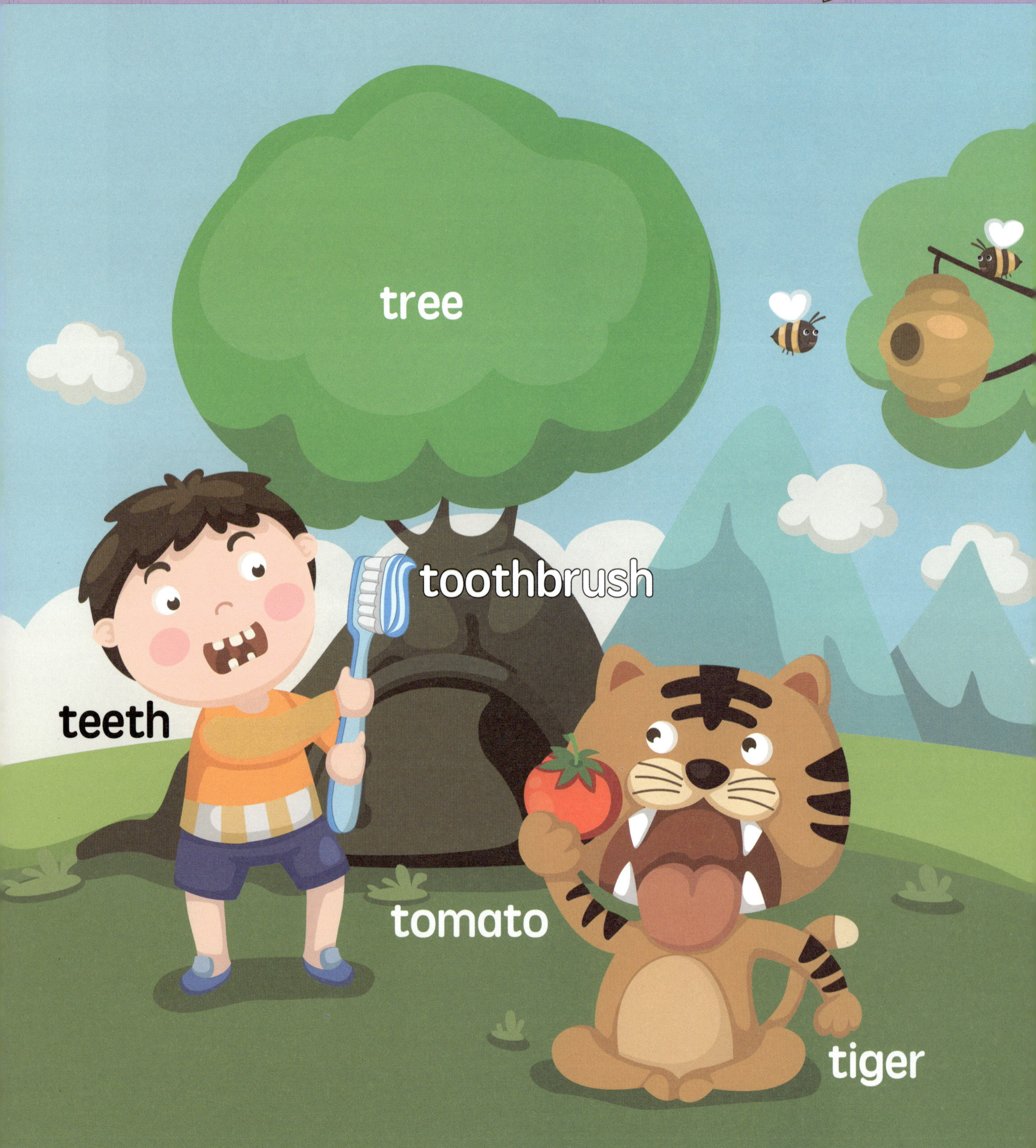

대문자 T와 소문자 t를 읽으면서 바르게 써보세요.

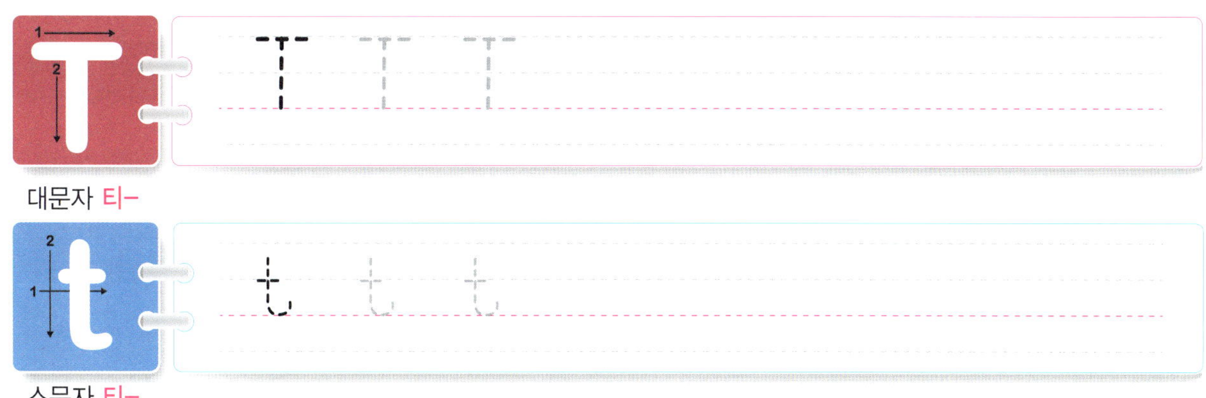

대문자 **티-**

소문자 **티-**

 대문자 T와 소문자 t가 들어간 단어를 읽으면서 바르게 써보세요.

나무 [**트리-**]

TREE   tree

칫솔 [**투-스브러시**]

TOOTHBRUSH   toothbrush

치아 [**티-쓰**]

TEETH   teeth

토마토 [**티메이토우**]

TOMATO   tomato

호랑이 [**타이거**]

TIGER   tiger

 그림을 보고 영단어와 우리말 뜻을 연결하세요.

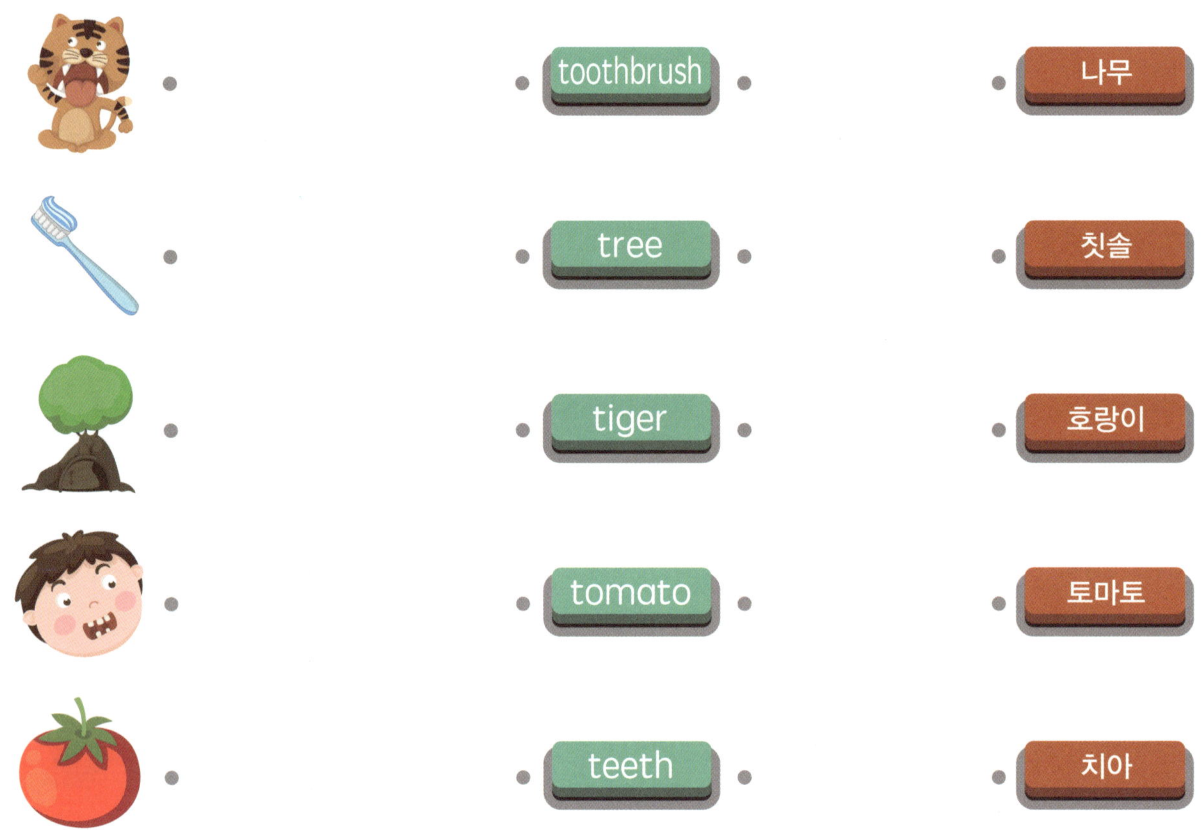

 알맞은 철자를 넣어 퍼즐을 완성하여 써보세요.

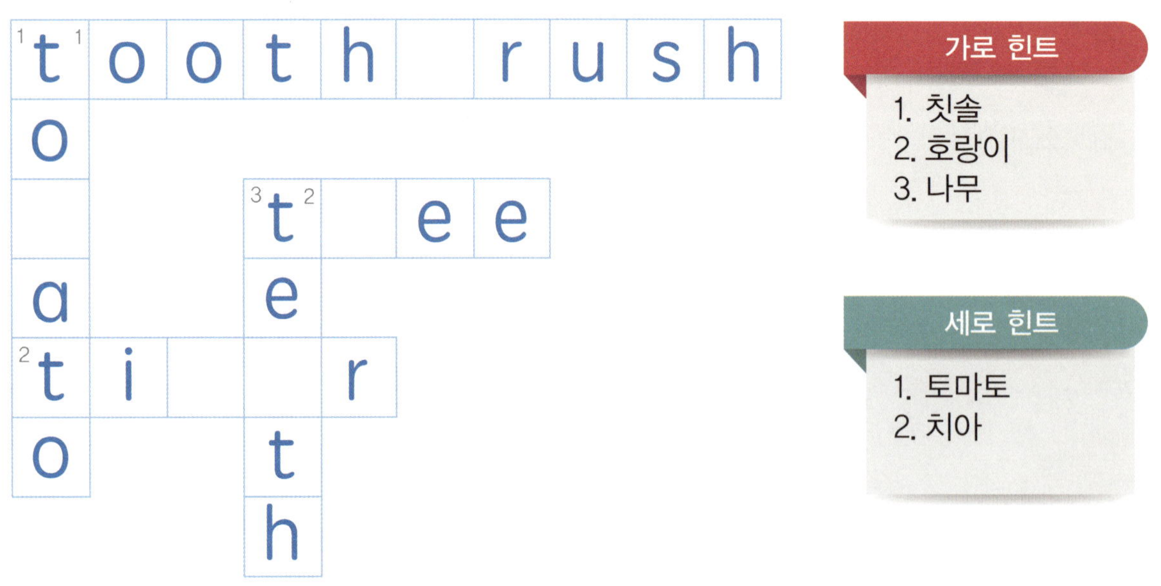

 단어와 뜻을 생각하면서 색칠해 보세요.

우리말 뜻을 영단어로 써보세요.

1. 호랑이

2. 칫솔

3. 나무

4. 토마토

5. 치아

U u

UFO

unicorn

university

U-turn

umbrella

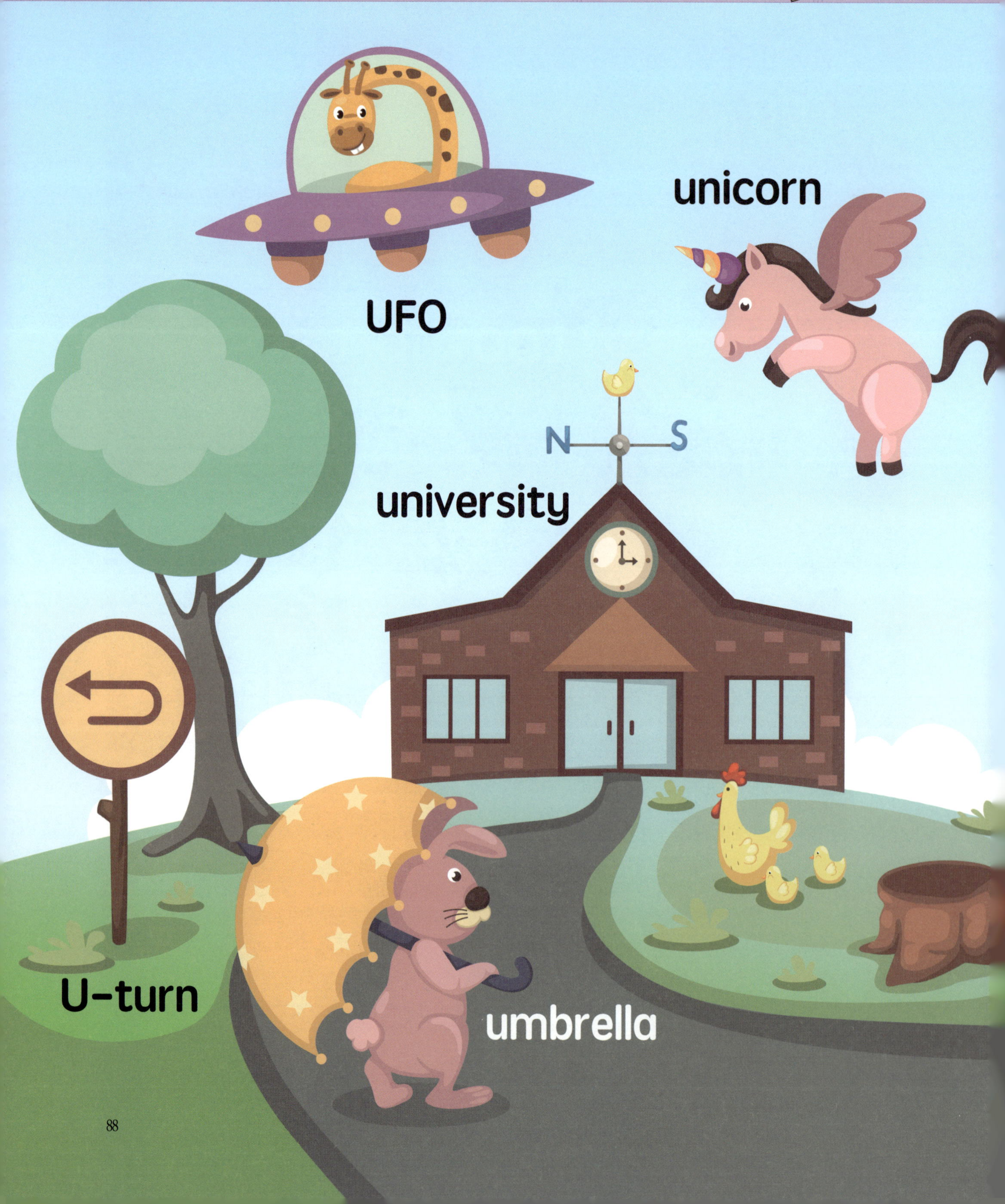

 대문자 U와 소문자 u를 읽으면서 바르게 써보세요.

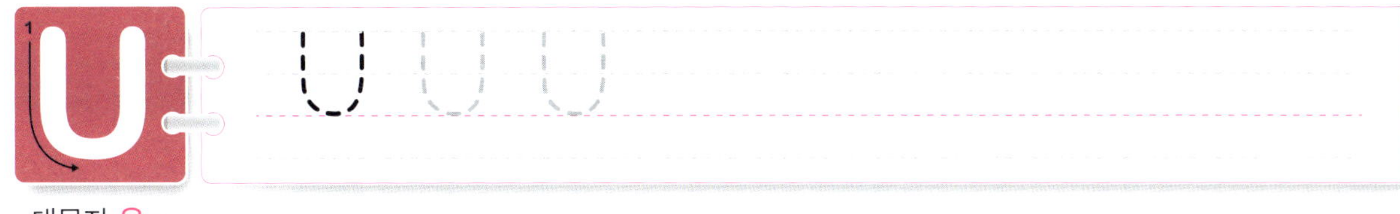

대문자 유-

소문자 유-

 대문자 U와 소문자 u가 들어간 단어를 읽으면서 바르게 써보세요.

UFO   ufo

미확인 비행 물체 [유-에프오우]

U-TURN   u-turn

'U'자 모양으로 돌리다 [유턴]

UNIVERSITY   university

대학교 [유-너버-서티]

UMBRELLA   umbrella

우산 [엄브렐러]

UNICORN   unicorn

외뿔소자리 [유니콘]

 그림을 보고 영단어와 우리말 뜻을 연결하세요.

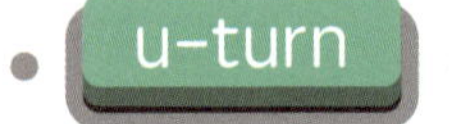

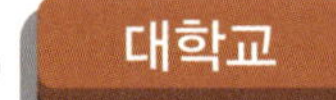

 알맞은 철자를 넣어 퍼즐을 완성하여 써보세요.

가로 힌트

1. 대학교
2. 미확인 비행 물체

세로 힌트

1. 우산
2. 외뿔소자리
3. 'U'자 모양으로 돌리다

 단어와 뜻을 생각하면서 색칠해 보세요.

 우리말 뜻을 영단어로 써보세요.

1. 대학교

2. 미확인 비행 물체

3. 우산

4. 'U'자 모양으로 돌리다

5. 외뿔소자리

Vv 뷔-

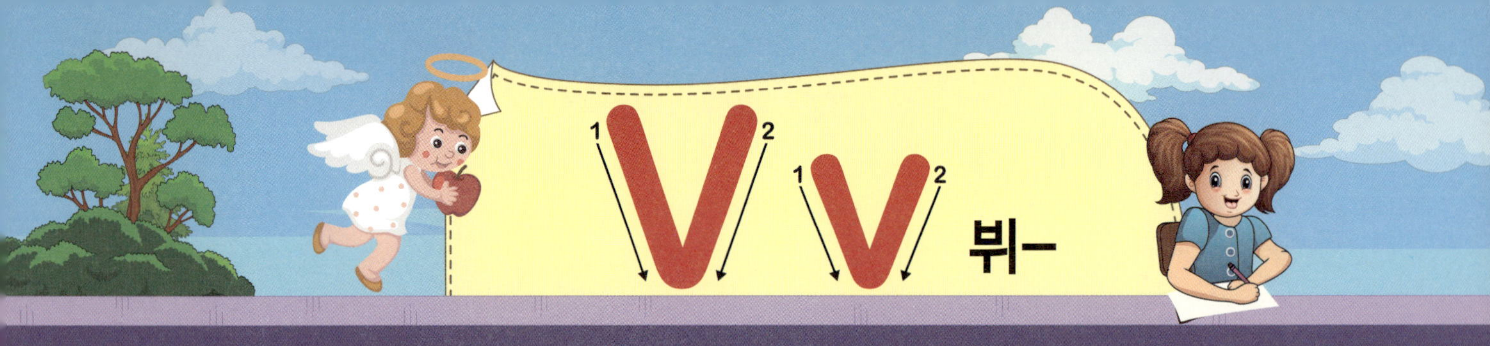

village
vase
violin
vehicle
vegetable

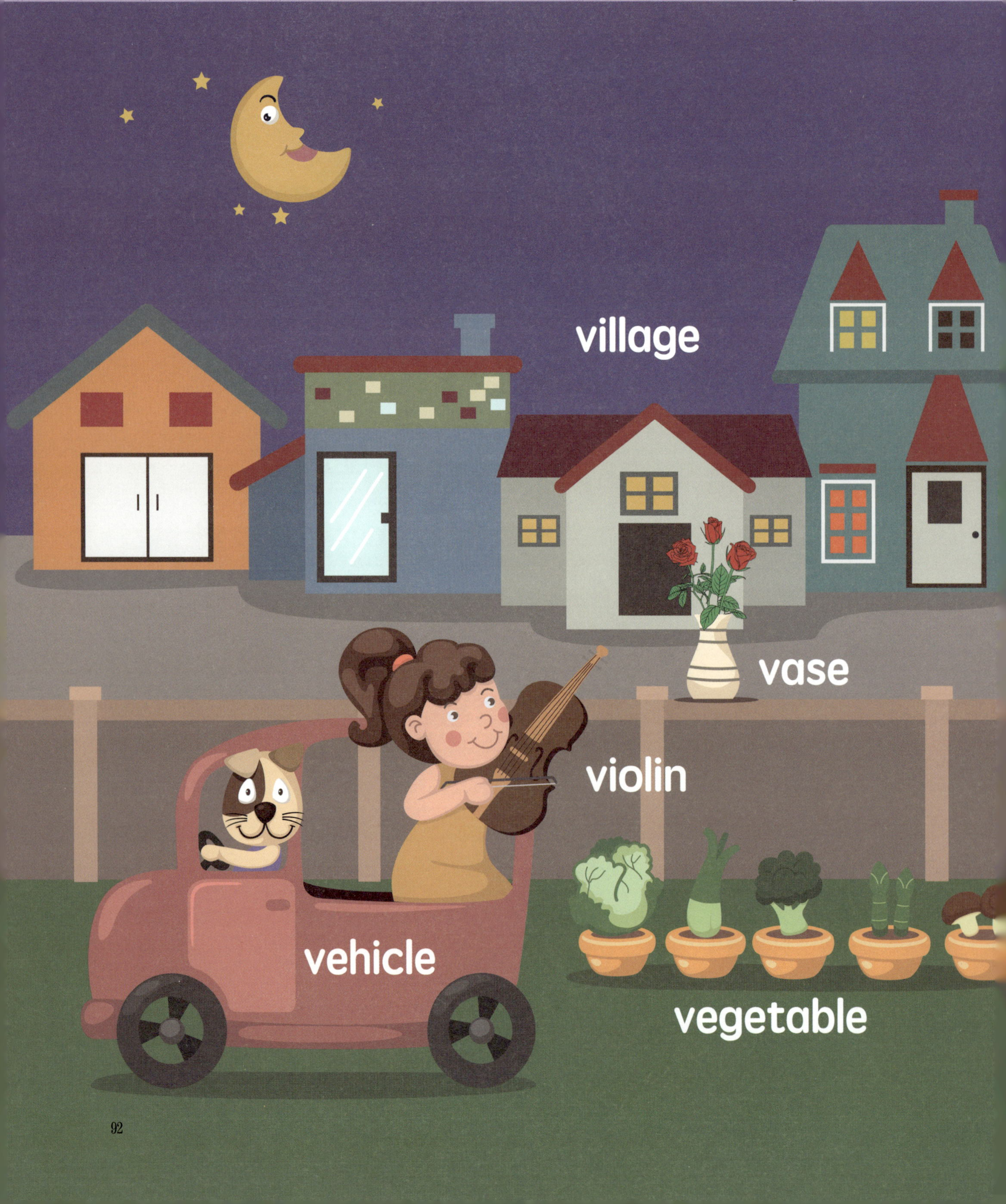

 대문자 V와 소문자 v를 읽으면서 바르게 써보세요.

대문자 뷔-

소문자 뷔-

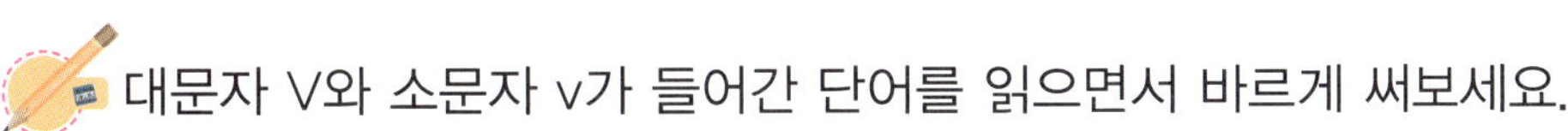 대문자 V와 소문자 v가 들어간 단어를 읽으면서 바르게 써보세요.

마을 [빌리쥐]

VILLAGE village

바이올린 [바이얼린]

VIOLIN violin

차량, 탈것 [비-이클]

VEHICLE vehicle

꽃병 [베이스]

VASE vase

야채, 식물 [베쥐터블]

VEGETABLE vegetable

 그림을 보고 영단어와 우리말 뜻을 연결하세요.

village		바이올린
vase		마을
vegetable		야채, 식물
violin		꽃병
vehicle		차량, 탈것

 알맞은 철자를 넣어 퍼즐을 완성하여 써보세요.

가로 힌트

1. 야채, 식물
2. 꽃병
3. 차량, 탈것

세로 힌트

1. 마을
2. 바이올린

 단어와 뜻을 생각하면서 색칠해 보세요.

우리말 뜻을 영단어로 써보세요.

1. 꽃병

2. 바이올린

3. 마을

4. 야채, 식물

5. 차량, 탈것

W w 더블유

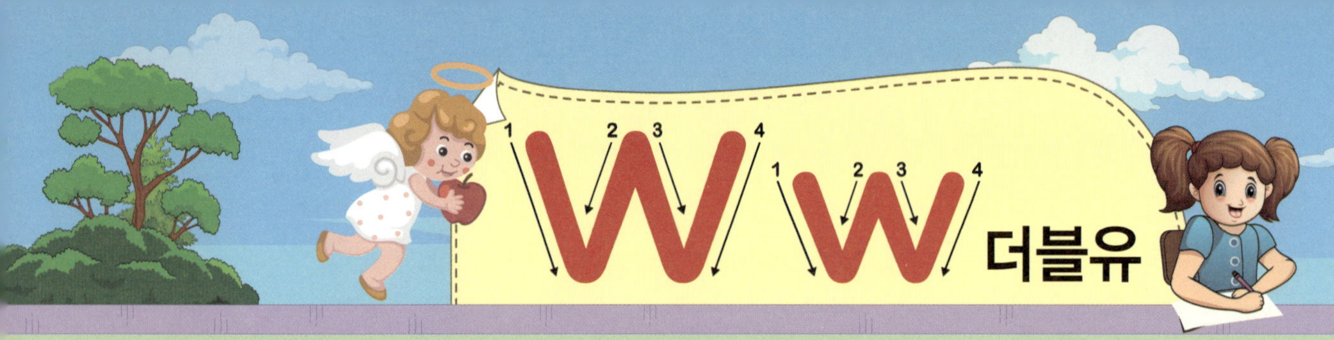

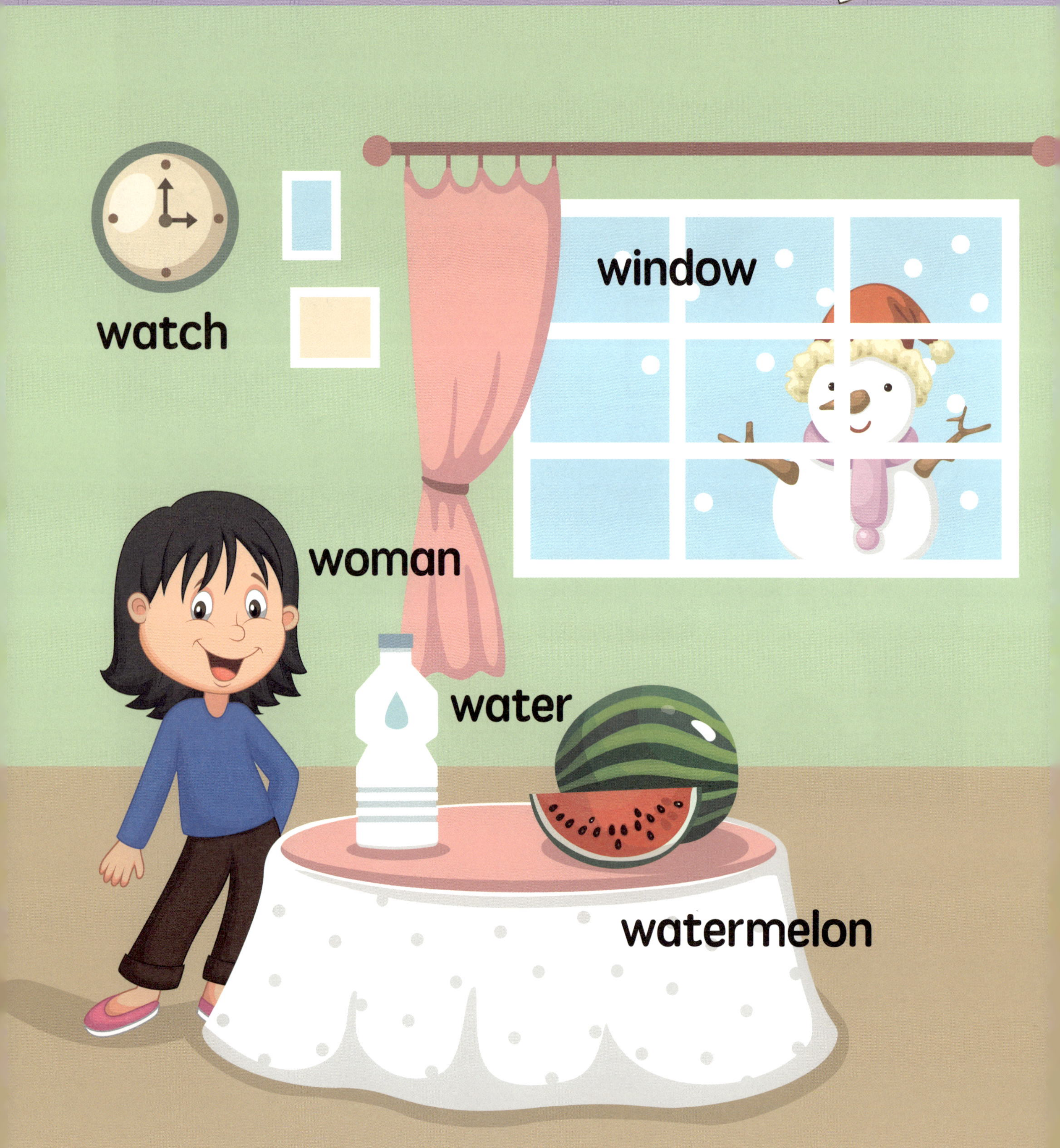

watch
window
woman
water
watermelon

 대문자 W와 소문자 w를 읽으면서 바르게 써보세요.

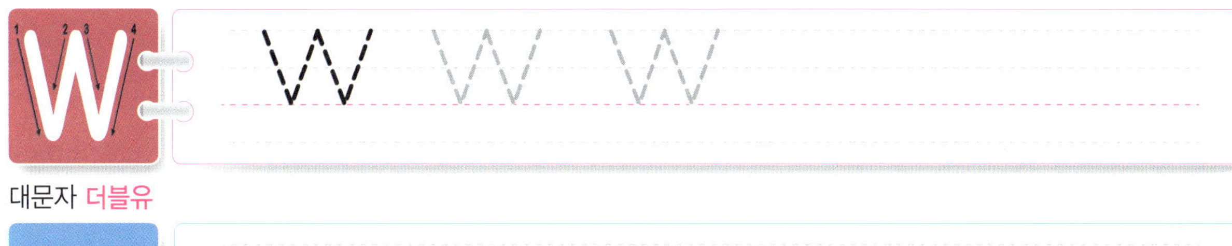

대문자 더블유

소문자 더블유

 대문자 W와 소문자 w가 들어간 단어를 읽으면서 바르게 써보세요.

WATCH watch

시계, 보다 [와취]

WOMAN woman

여자 [우먼]

WATER water

물 [워-터]

WINDOW window

창문 [윈도우]

WATERMELON watermelon

수박 [워-터멜런]

 그림을 보고 영단어와 우리말 뜻을 연결하세요.

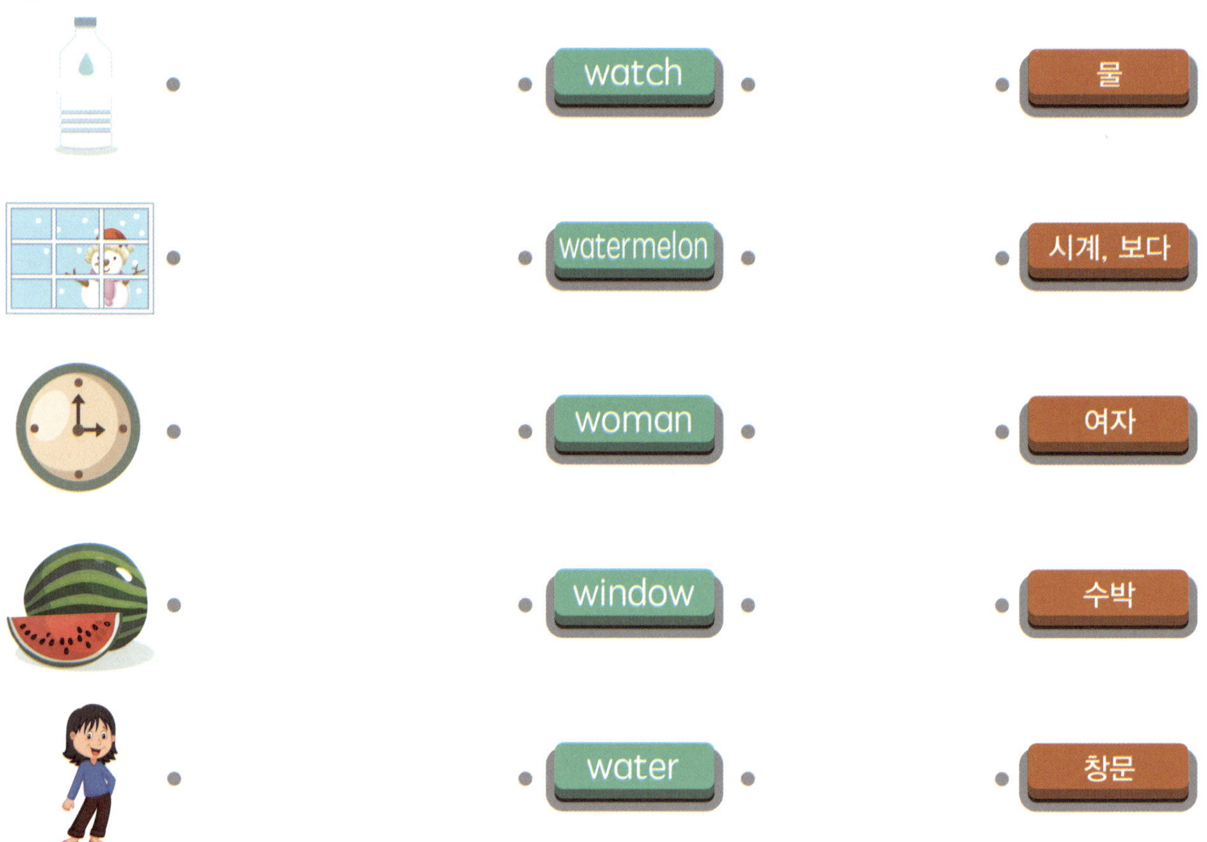

 알맞은 철자를 넣어 퍼즐을 완성하여 써보세요.

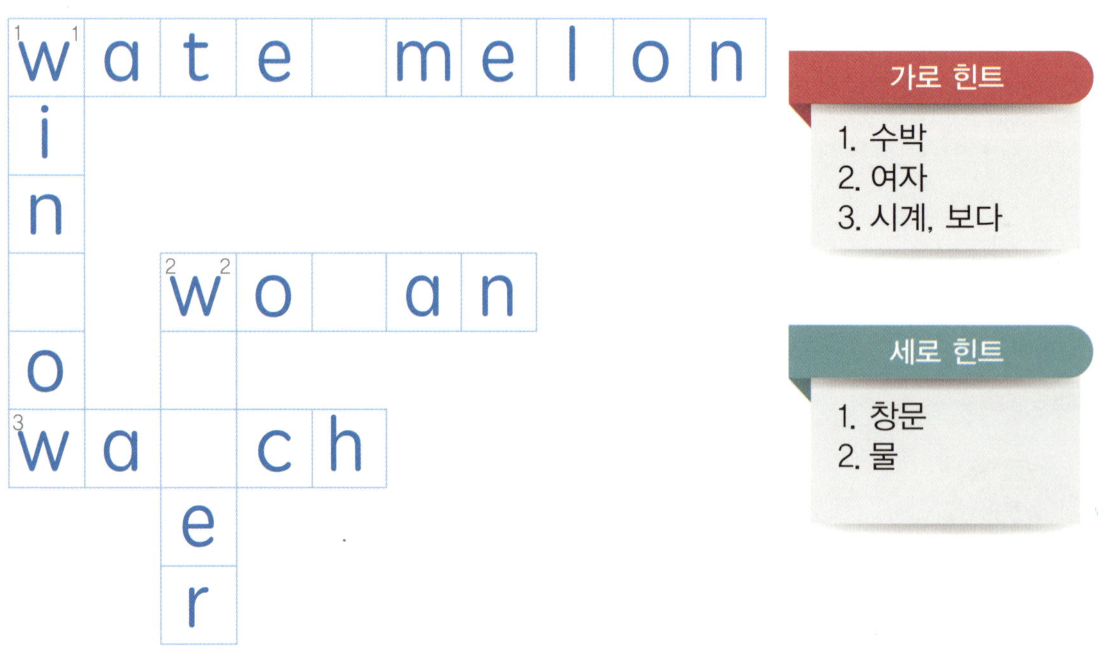

 단어와 뜻을 생각하면서 색칠해 보세요.

✏️ 우리말 뜻을 영단어로 써보세요.

1. 창문 ....

2. 여자 ....

3. 시계, 보다 ....

4. 수박 ....

5. 물 ....

X x 엑쓰

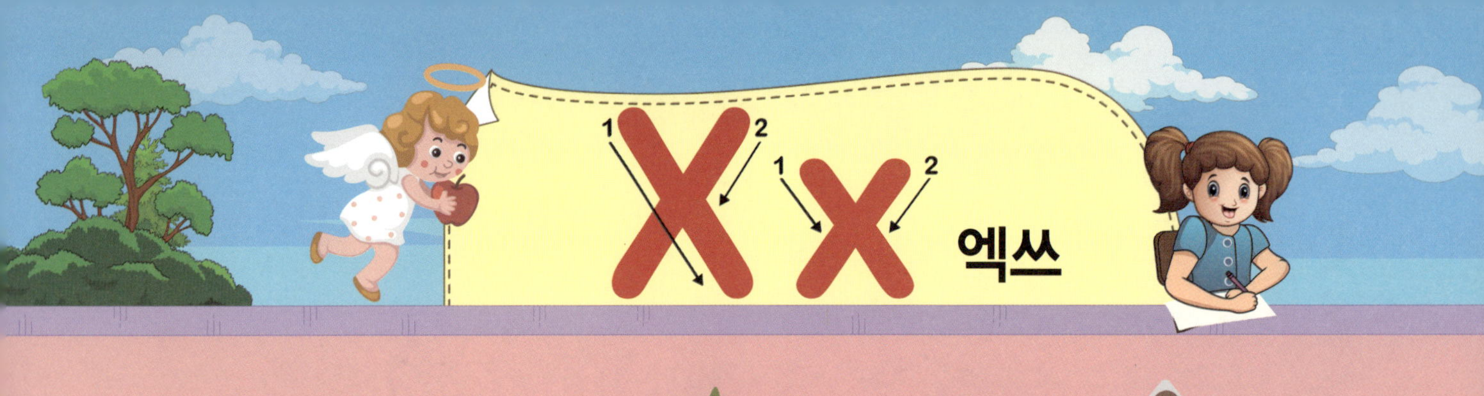

X-ray
xiphias
Xmas
Xmas cookie
xylophone

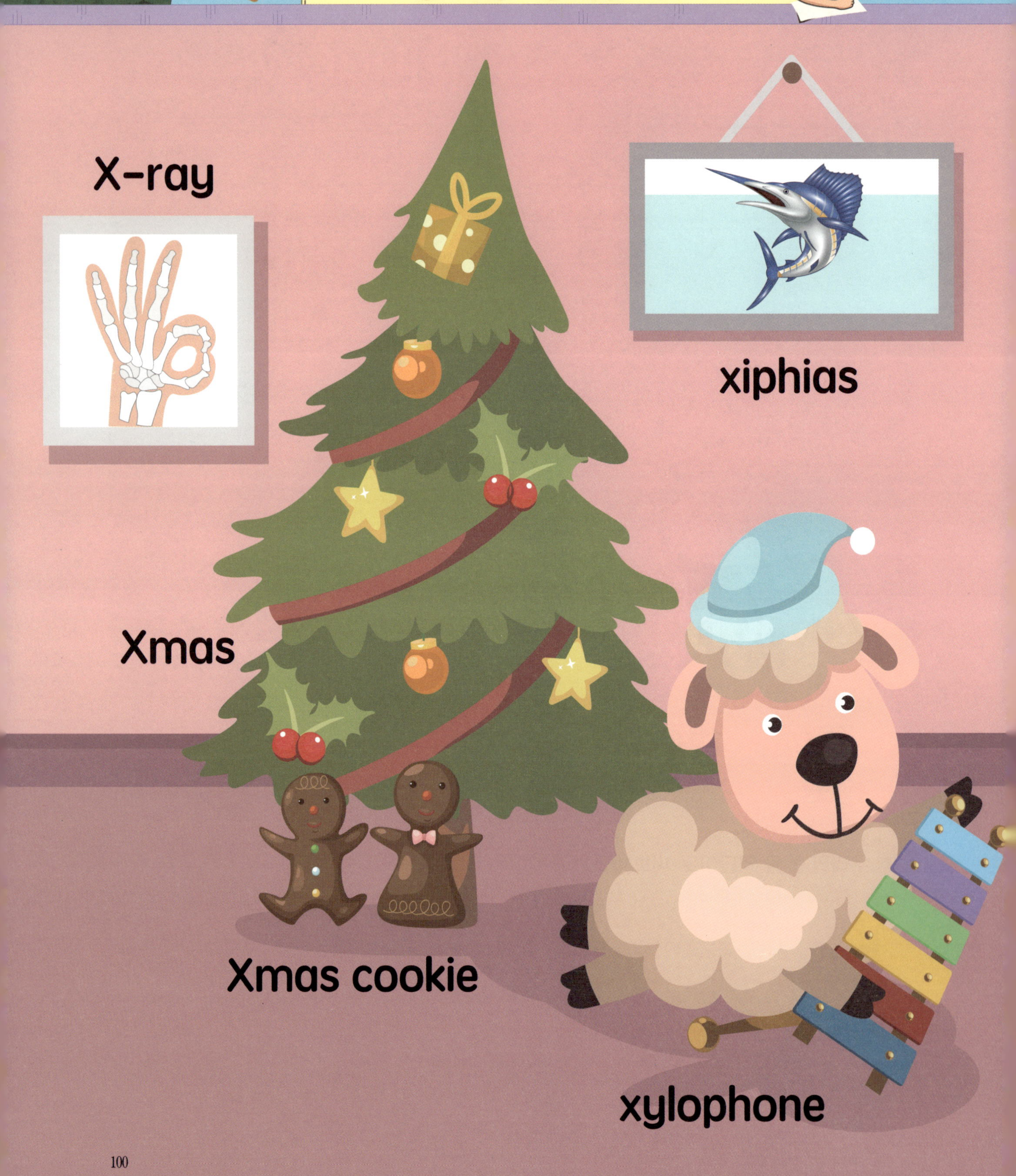

대문자 X와 소문자 x를 읽으면서 바르게 써보세요.

X
대문자 엑쓰

x
소문자 엑쓰

 대문자 X와 소문자 x가 들어간 단어를 읽으면서 바르게 써보세요.

엑스선 [엑스레이]

X-RAY   X-ray

성탄절 [크리스머스]

XMAS   Xmas

청새치 [즈피에스]

XIPHIAS   xiphias

성탄절 과자 [크리스마스 쿠키]

XMAS COOKIE   Xmas cookie

실로폰 [자일러포운]

XYLOPHONE   xylophone

그림을 보고 영단어와 우리말 뜻을 연결하세요.

Xmas
X-ray
xylophone
xiphias
Xmas cookie
엑스선
실로폰
성탄절
성탄절 과자
청새치

알맞은 철자를 넣어 퍼즐을 완성하여 써보세요.

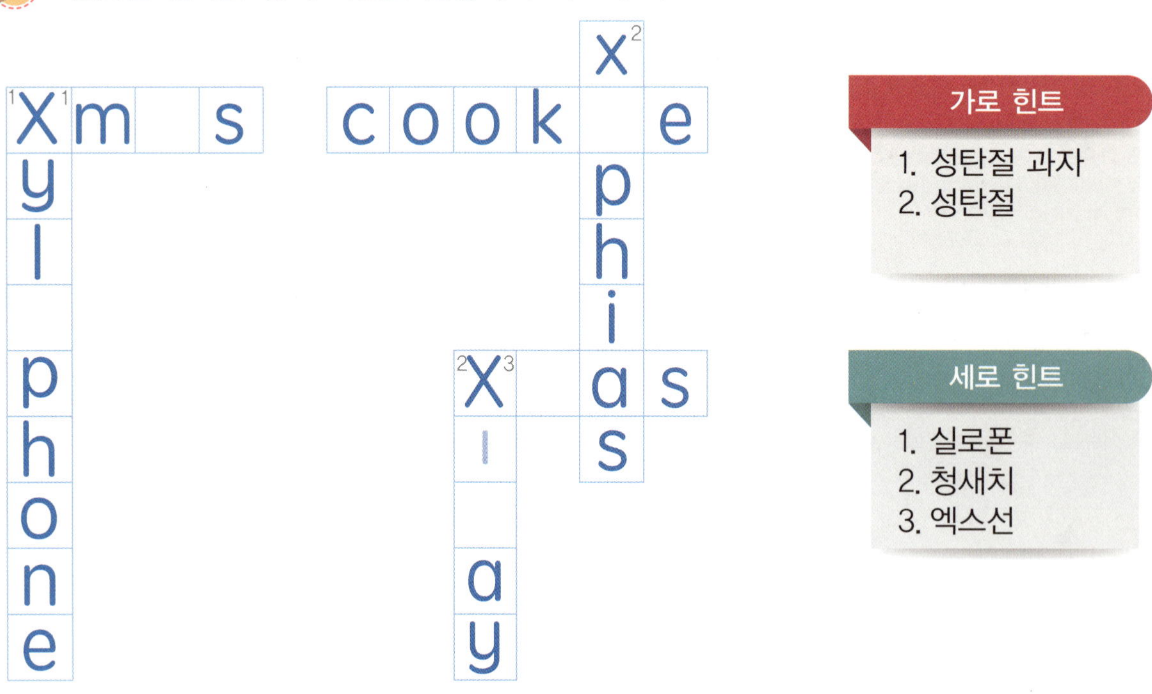

가로 힌트
1. 성탄절 과자
2. 성탄절

세로 힌트
1. 실로폰
2. 청새치
3. 엑스선

단어와 뜻을 생각하면서 색칠해 보세요.

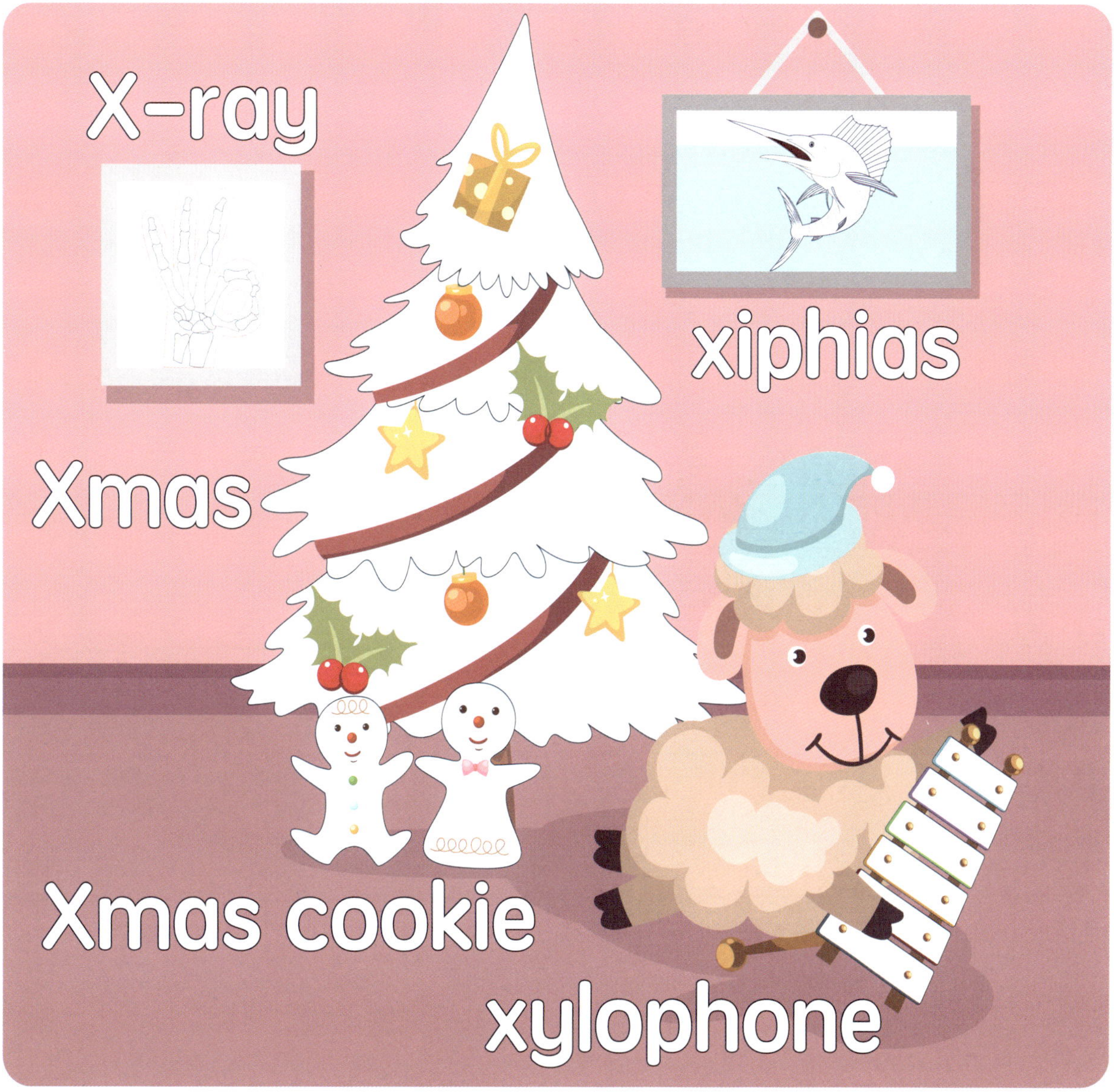

우리말 뜻을 영단어로 써보세요.

1. 청새치 ....
2. 엑스선 ....
3. 성탄절 ....
4. 실로폰 ....
5. 성탄절 과자 ....

Y y 와이

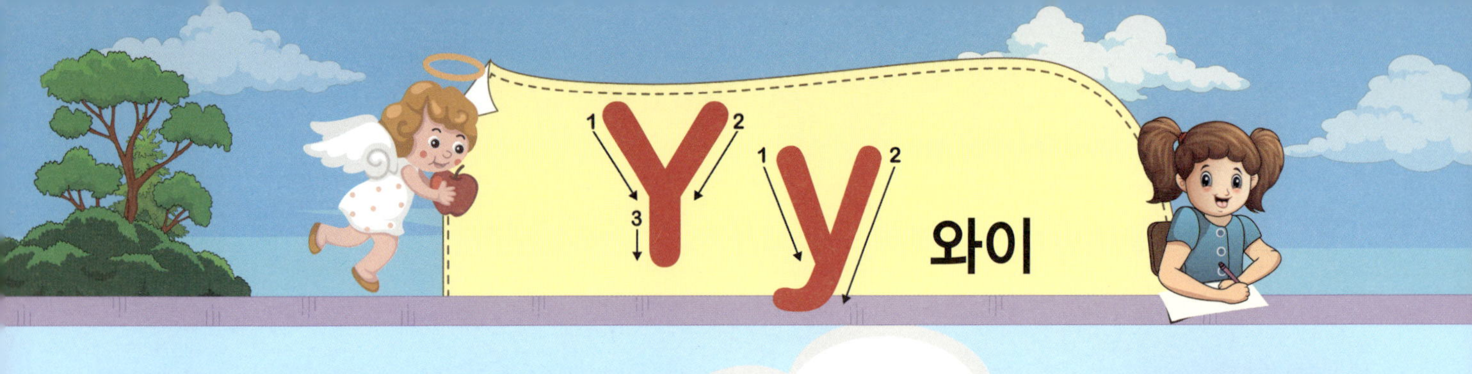

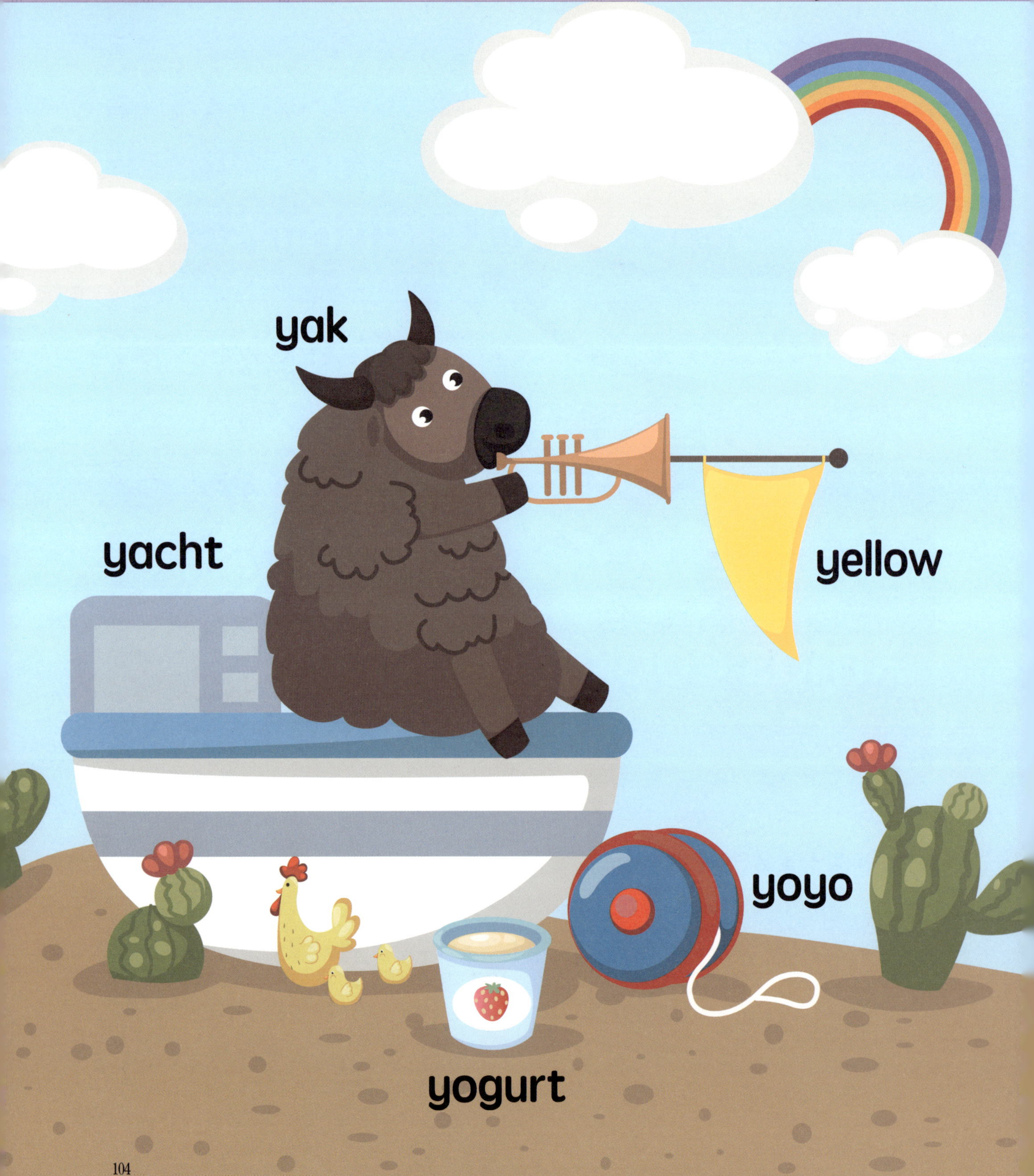
yak
yacht
yellow
yoyo
yogurt

대문자 **와이**

소문자 **와이**

YAK　　yak

들소 [야크]

YACHT　　yacht

요트 [얏]

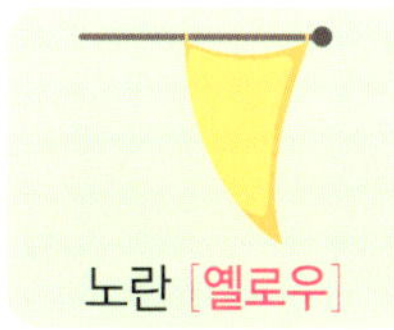

YELLOW　　yellow

노란 [옐로우]

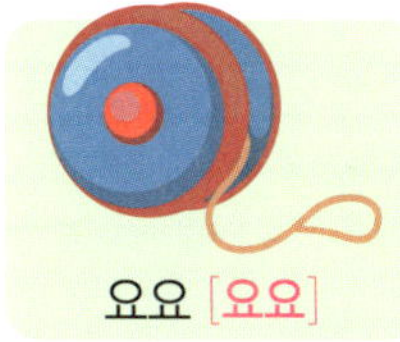

YOYO　　yoyo

요요 [요요]

YOGURT　　yogurt

요구르트 [요우거트]

 그림을 보고 영단어와 우리말 뜻을 연결하세요.

 알맞은 철자를 넣어 퍼즐을 완성하여 써보세요.

 단어와 뜻을 생각하면서 색칠해 보세요.

우리말 뜻을 영단어로 써보세요.

1. 요구르트

2. 들소

3. 요요

4. 노란

5. 요트

Z z 지-

 대문자 Z와 소문자 z를 읽으면서 바르게 써보세요.

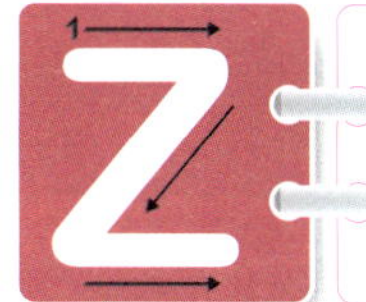

Z Z Z

대문자 **지-**

z z z

소문자 **지-**

 대문자 Z와 소문자 z가 들어간 단어를 읽으면서 바르게 써보세요.

ZOO   zoo

동물원 [주-]

ZUCCHINI   zucchini

애호박 [주키니]

ZIPPER   zipper

지퍼 [지퍼]

ZEBRA   zebra

얼룩말 [지-브러]

ZIGZAG   zigzag

지그재그 [지그재그]

 그림을 보고 영단어와 우리말 뜻을 연결하세요.

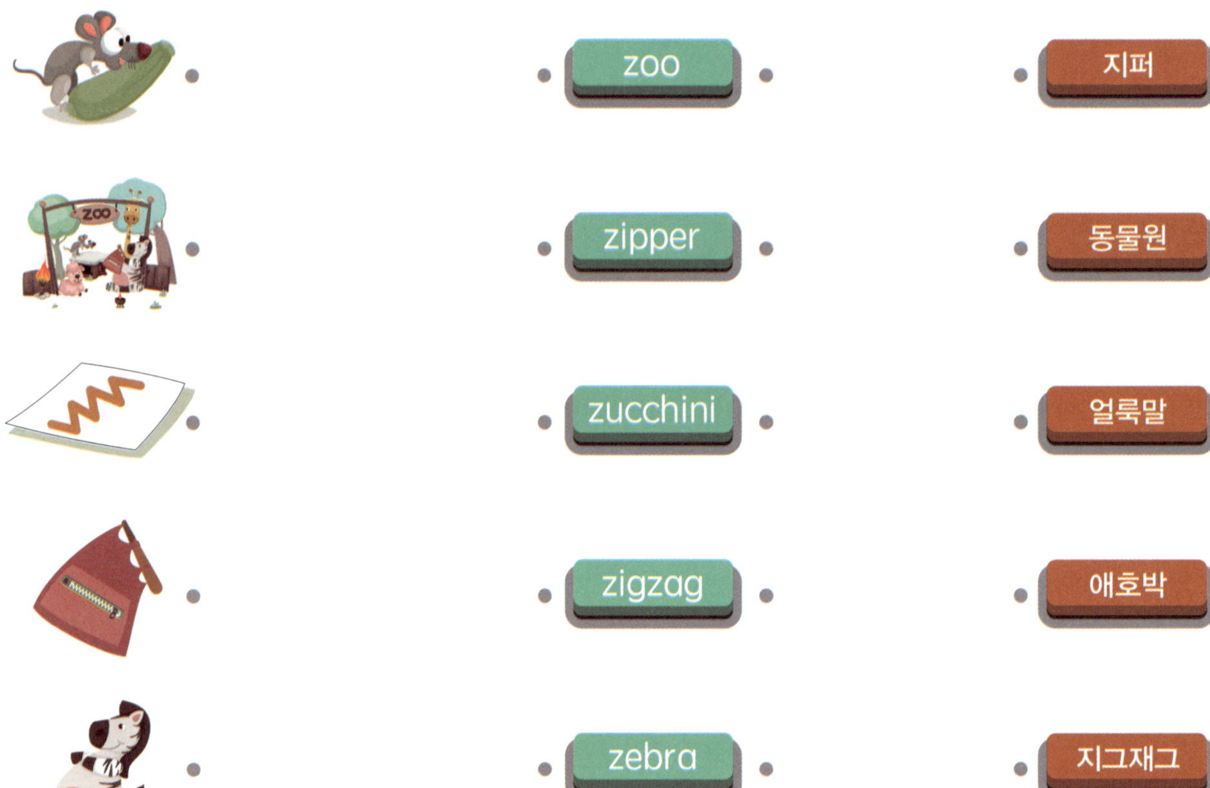

 알맞은 철자를 넣어 퍼즐을 완성하여 써보세요.

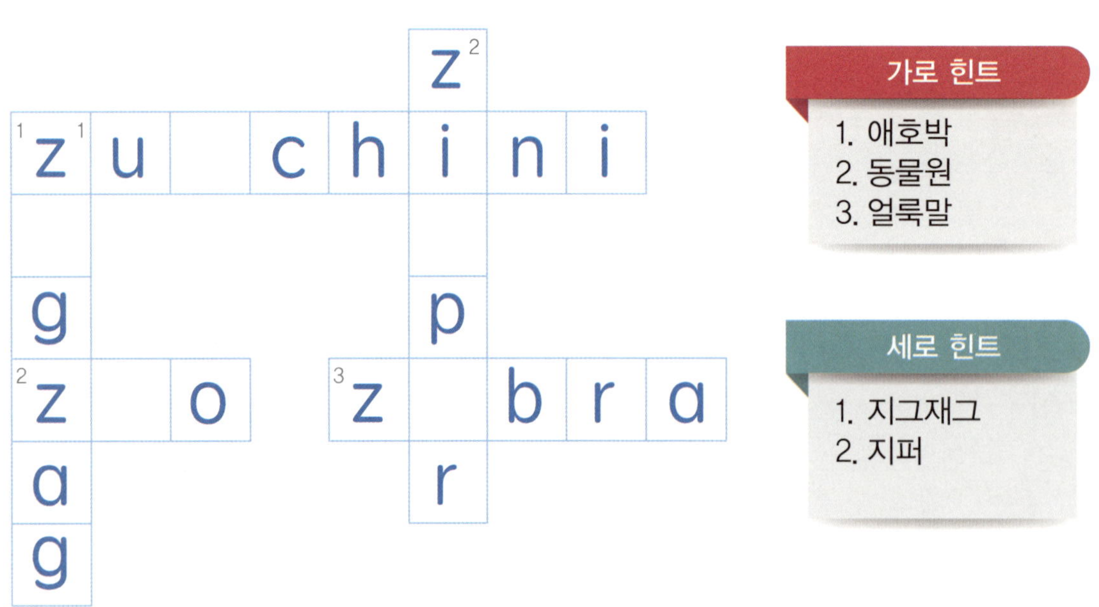

 단어와 뜻을 생각하면서 색칠해 보세요.

 우리말 뜻을 영단어로 써보세요.

1. 지그재그

2. 지퍼

3. 동물원

4. 애호박

5. 얼룩말

NUMBER

숫자 [넘버]

 0~11까지 읽으면서 바르게 써보세요.

2Two
둘 [투-]
2 2
Two Two

3Three
셋 [쓰리-]
3 3
Three Three

4 Four
넷 [포-]
4   4
Four Four

5 Five
셋 [쓰리-]
5   5
Five Five

6 Six

여섯 [씩스]

6 6

Six Six

7 Seven

일곱 [세븐]

7 7

Seven Seven

8 Eight
여덟 [에잇]
8 8
Eight Eight

9 Nine
아홉 [나인]
9 9
Nine Nine

10 Ten
열 [텐]
10 10
Ten Ten

Eleventh
열하나 [일레번쓰]
11 11
Eleventh Eleventh

 그림을 보고 영단어와 우리말 뜻을 연결하세요.

 알맞은 철자를 넣어 퍼즐을 완성하여 써보세요.

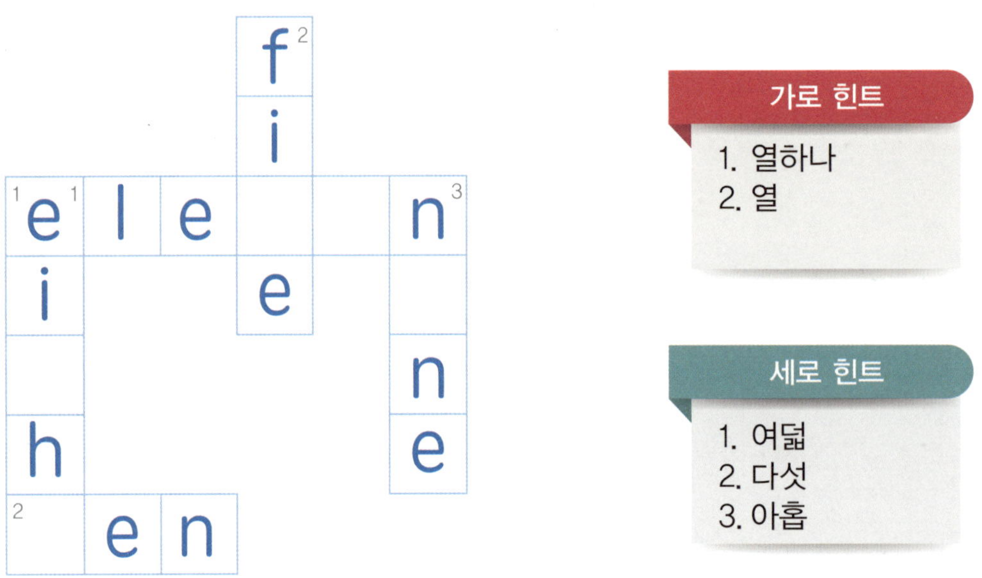

118

 그림을 보고 알맞은 단어를 써보세요.

하나

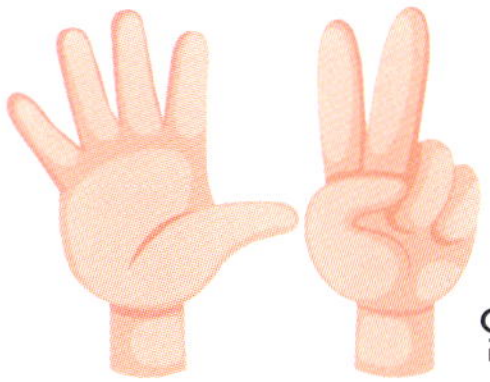

일곱

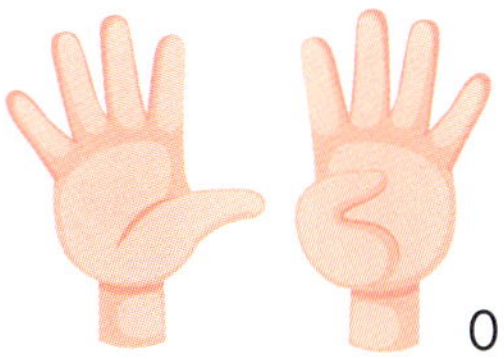

아홉

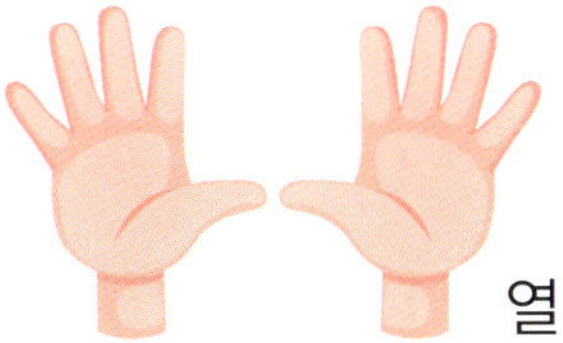

열

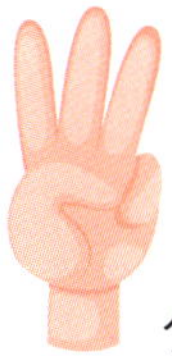

셋

둘

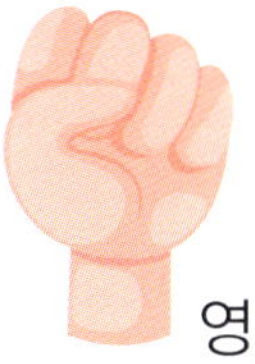

영, 제로

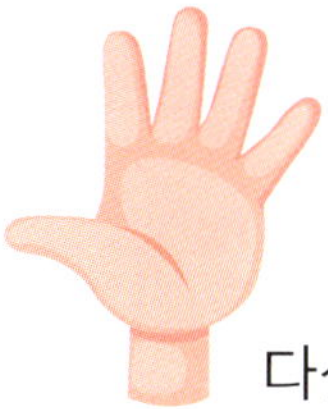

다섯

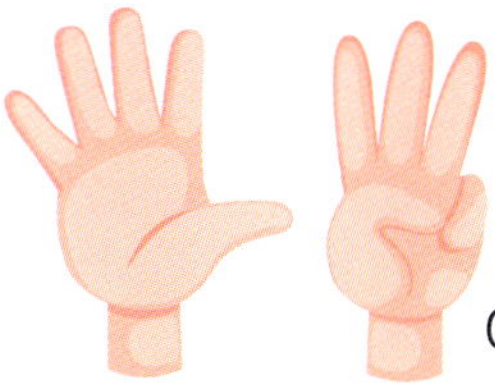

여덟

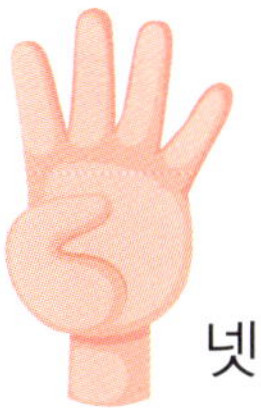

넷

여섯

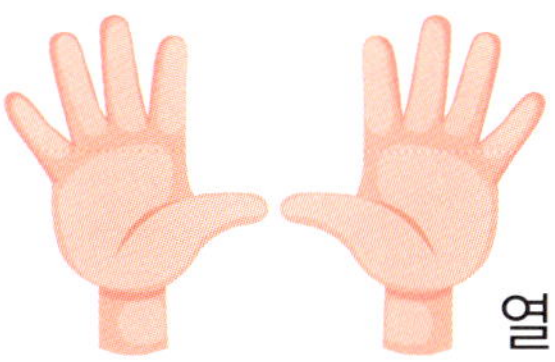

열

BODY

신체 [바디]

head
eyebrow
eye
nose
ear
mouth
hand
lip
arm
leg
toe
foot
tongue

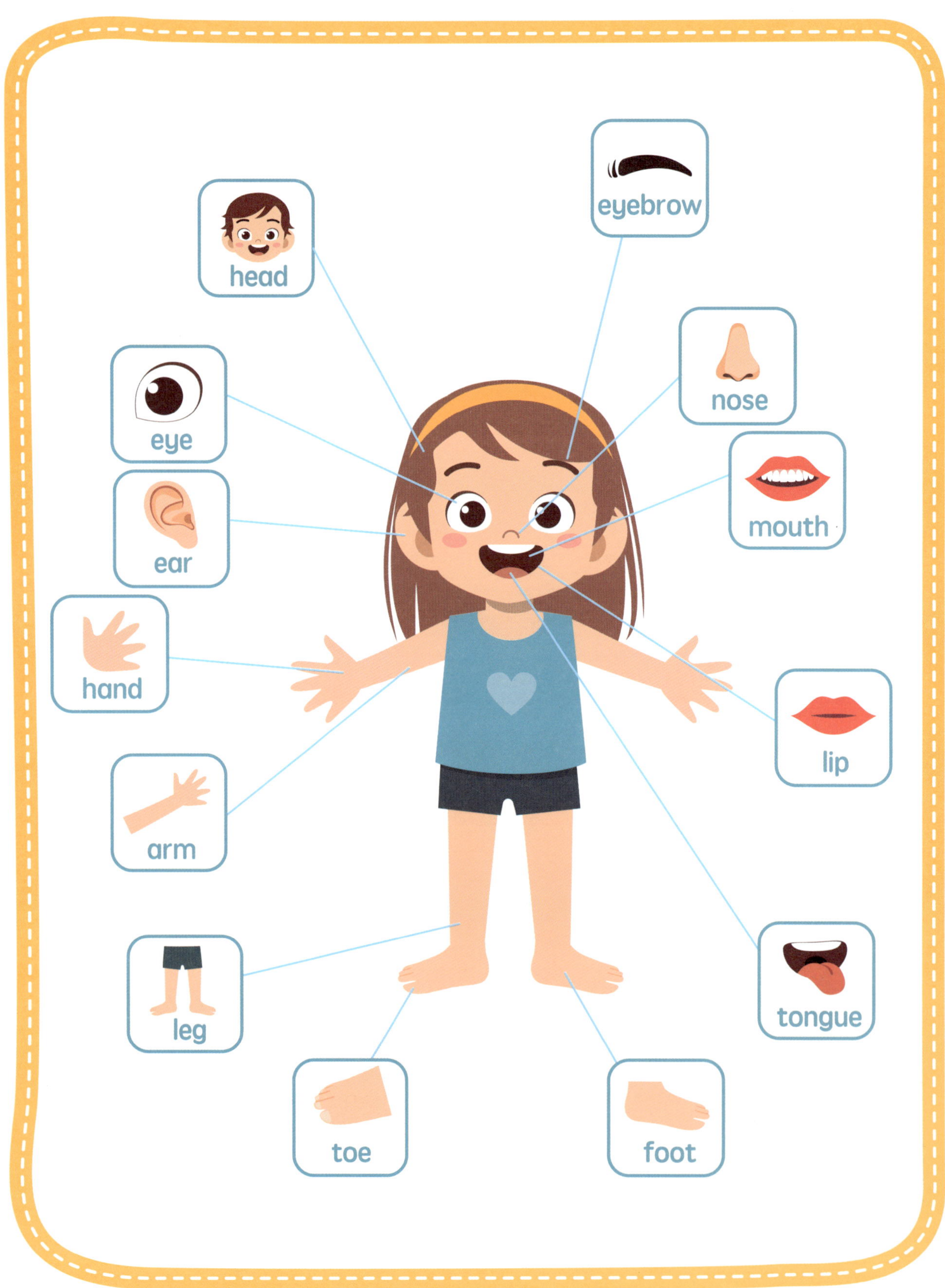

 단어를 읽으면서 바르게 써보세요.

신체 [바디]

body body

머리 [헤드]

head head

눈 [아이]

eye eye

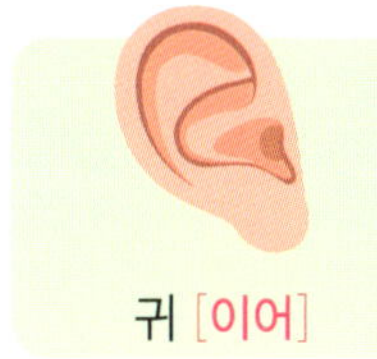
귀 [이어]

ear ear

손 [핸드]

hand hand

팔 [암-]

arm arm

다리 [레그]

leg leg

 단어를 읽으면서 바르게 써보세요.

눈썹 [아이 브라우]

eyebrow eyebrow

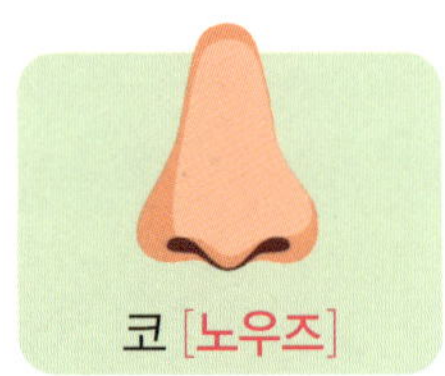

코 [노우즈]

nose nose

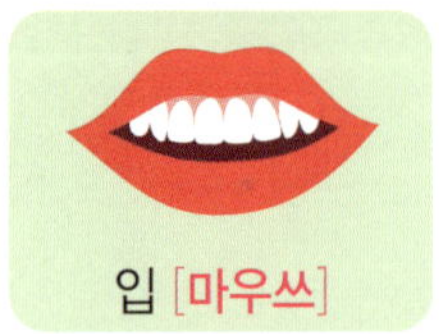

입 [마우쓰]

mouth mouth

입술 [립]

lip lip

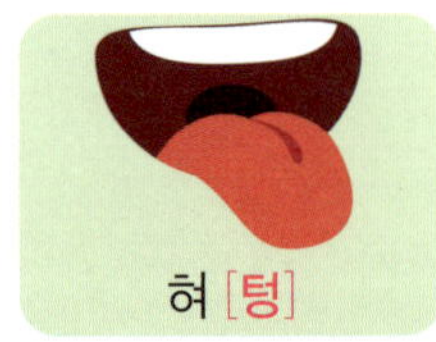

혀 [텅]

tongue tongue

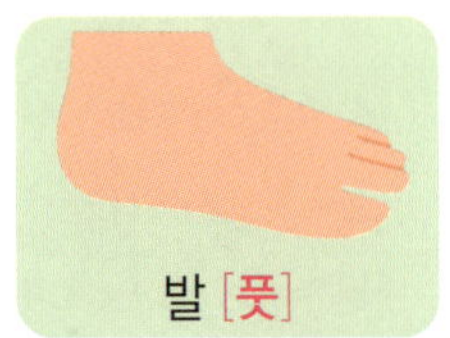

발 [풋]

foot foot

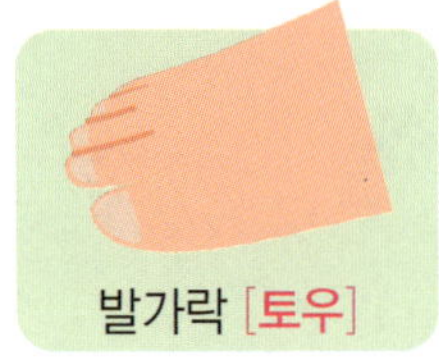

발가락 [토우]

toe toe

 그림을 보고 영단어와 우리말 뜻을 연결하세요.

 head		귀
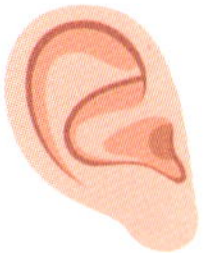 body		머리
 eye		신체
 hand		눈
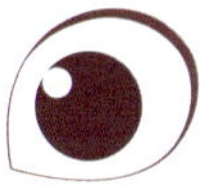 ear		손
 arm		다리
 nose		팔
 leg		눈썹
 eyebrow		코

 알맞은 철자를 넣어 퍼즐을 완성하여 써보세요.

퍼즐:

```
                n¹
 e¹ y e   r  n  w
                s
 t² o² n   u  e
                
    a³  r³
        a
        r
        m
```

가로 힌트

1. 눈썹
2. 혀
3. 귀

세로 힌트

1. 코
2. 발가락
3. 팔

 그림을 보고 알맞은 단어를 써보세요.

 그림을 보고 알맞은 단어를 써보세요.

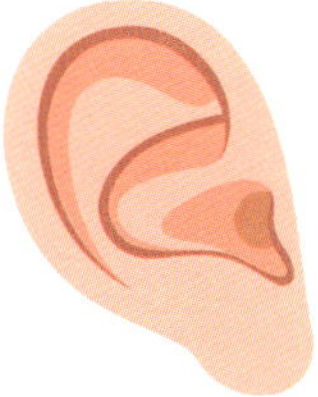

귀

손

팔

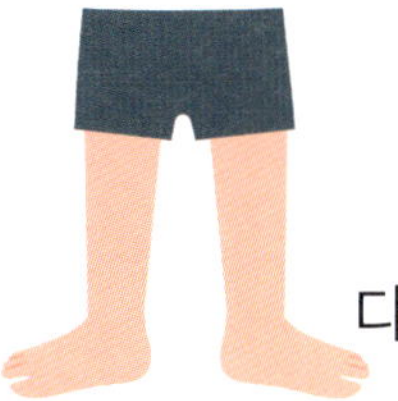

다리

눈썹

코

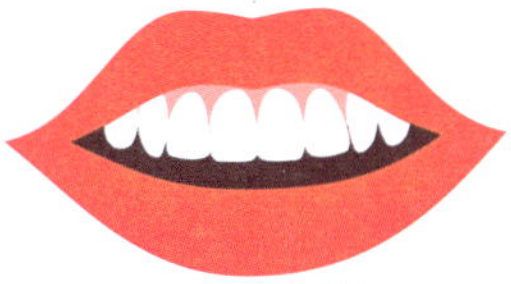

입

입술

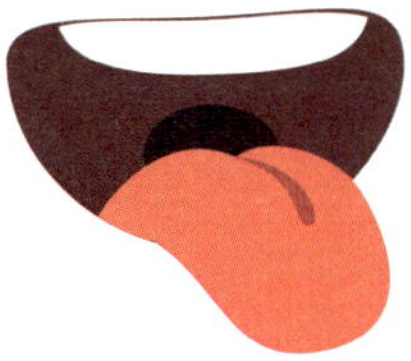

혀

발

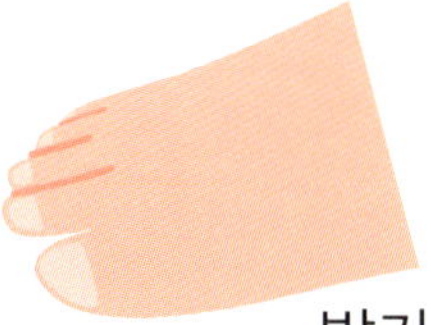

발가락

FAMILY

가족 [패밀리]

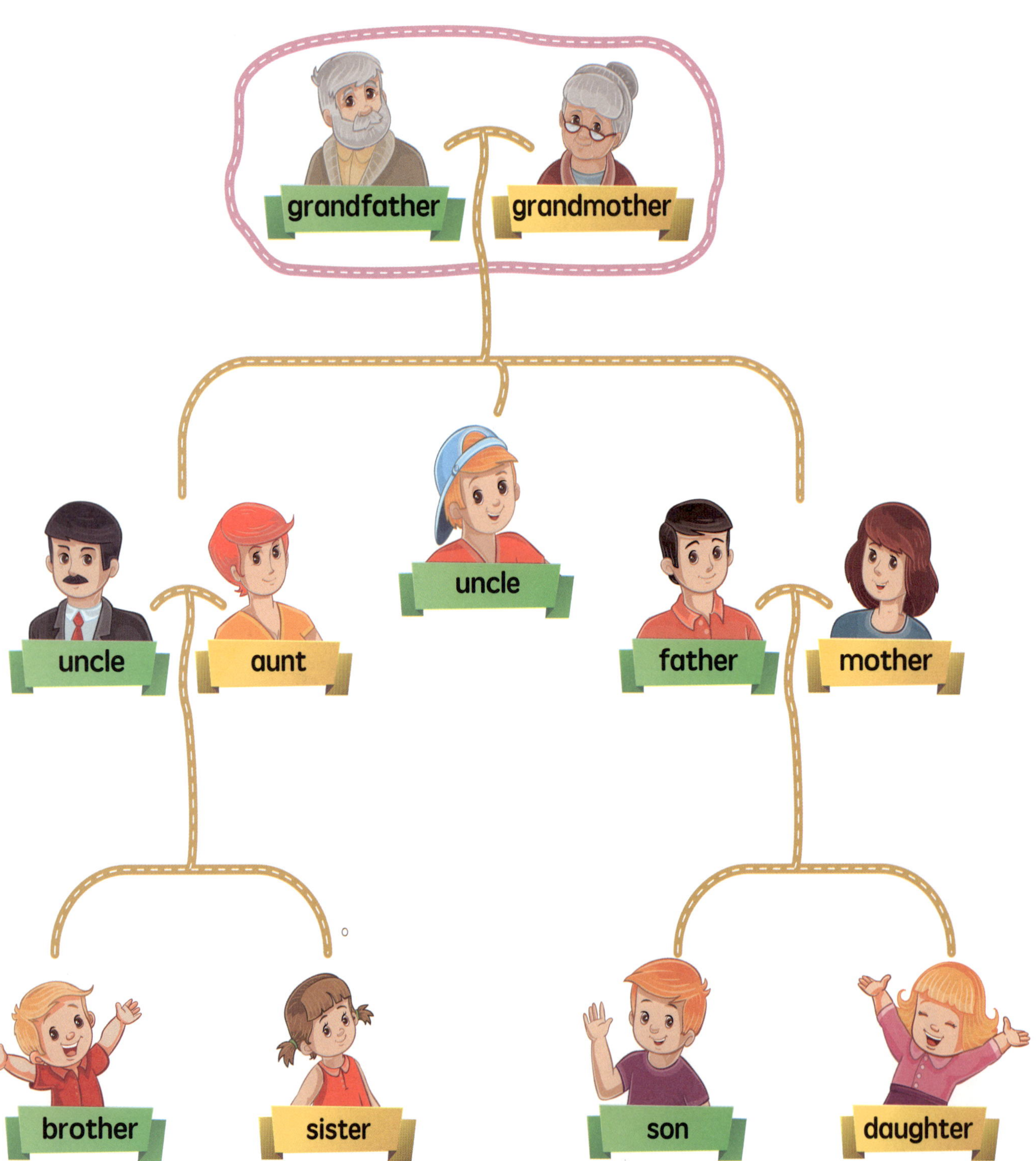

husband　　wife

grandson　　granddaughter

baby

child

parent

 단어를 읽으면서 바르게 써보세요.

가족 [패밀리]

family　family

할아버지 [그랜(드) 파—더]

grandfather　grandfather

할머니 [그랜(드) 머더]

grandmother　grandmother

어머니 [머더]

mother　mother

 단어를 읽으면서 바르게 써보세요.

아버지 [파-더]

father father

삼촌, 아저씨 [엉클]

uncle uncle

이모, 고모 [앤트]

aunt aunt

아들 [선]

son son

딸 [도-터]

daughter daughter

형제 [브러더]

brother brother

자매 [시스터]

sister sister

남편 [허즈번드]

husband husband

아내 [와이프]

wife wife

손자 [그랜(드)선]

grandson grandson

손녀 [그랜도-터]

granddaughter granddaughter

아기 [베이비]

baby baby

아이,어린이 [차일드]

child child

부모 [페(어)런트]

parent parent

 그림을 보고 영단어와 우리말 뜻을 연결하세요.

father	할아버지
grandmother	가족
family	아버지
uncle	할머니
daughter	어머니
grandfather	삼촌, 아저씨
mother	이모, 고모
aunt	아들
son	딸

 그림을 보고 영단어와 우리말 뜻을 연결하세요.

husband		손자
brother		자매
grandson		아내
sister		형제
child		남편
wife		손녀
baby		아이,어린이
granddaughter		부모
parent		아기

알맞은 철자를 넣어 퍼즐을 완성하여 써보세요.

						[2] w		
			[1] [1] f	a			l	y
			a			f		
			t			e		
[2] m	o			e	r			
			e					
	[3] p	a	r		n	t		

가로 힌트

1. 가족
2. 어머니
3. 부모

세로 힌트

1. 아버지
2. 아내

그림을 보고 알맞은 단어를 써보세요.

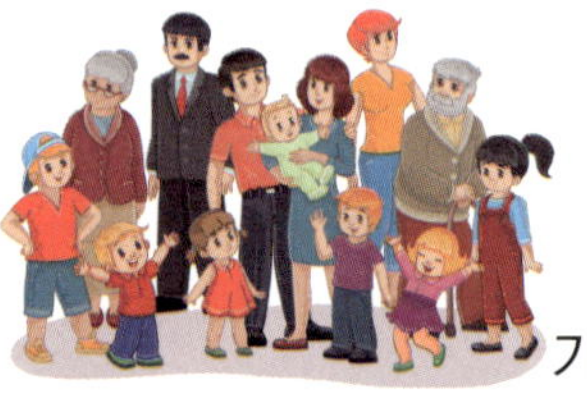
가족

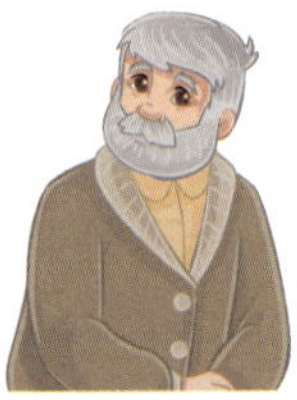
할아버지

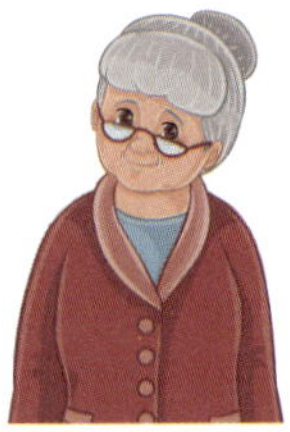
할머니

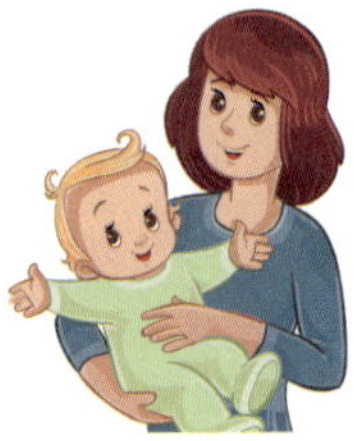
어머니

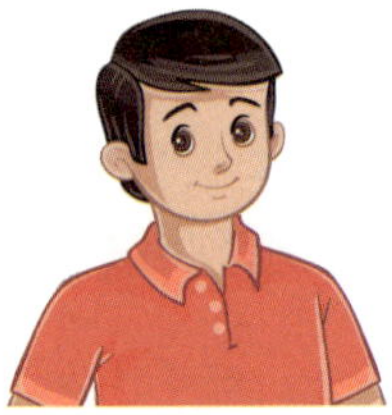
아버지

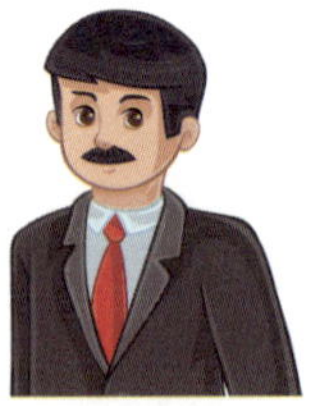
삼촌,
아저씨

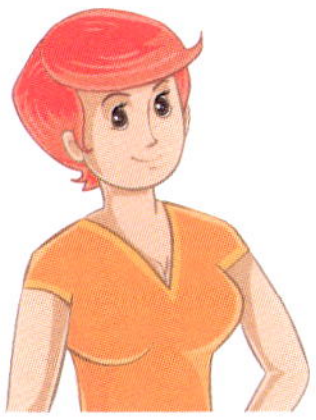

이모, 고모

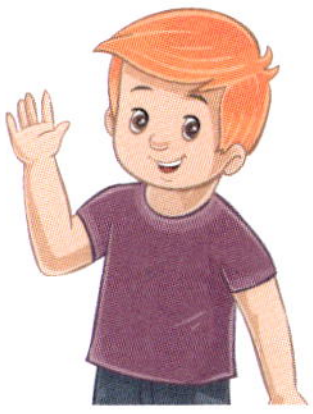

아들

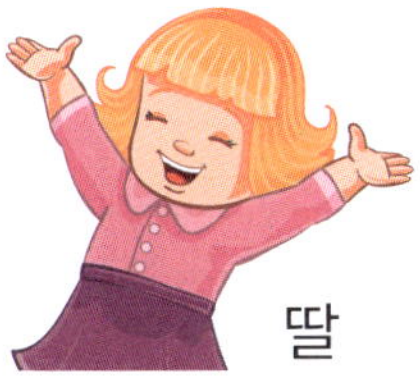

딸

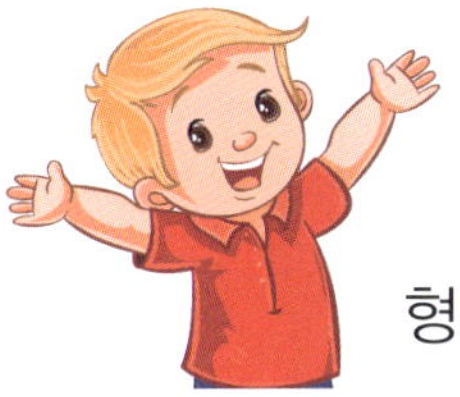

형제

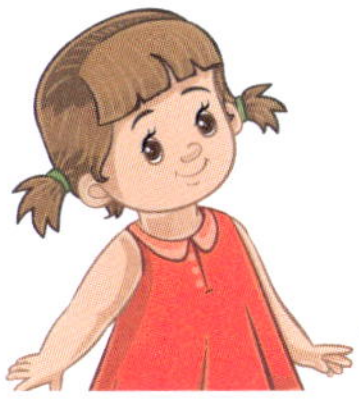

자매

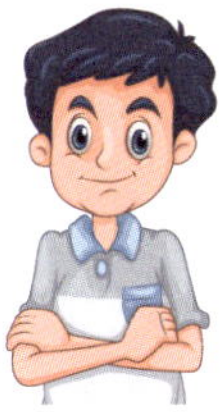

남편

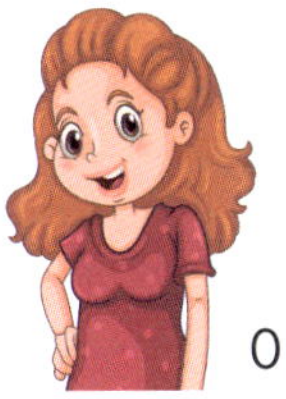

아내

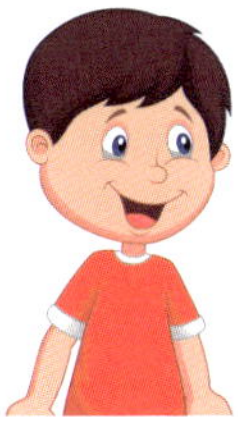

손자

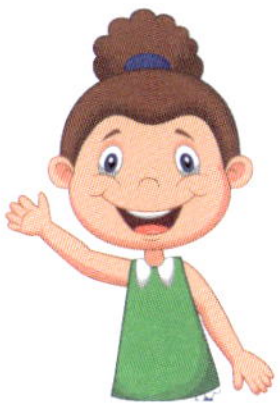

손녀

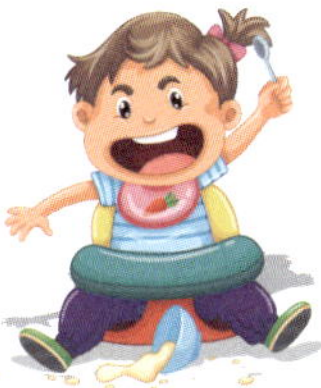

아기

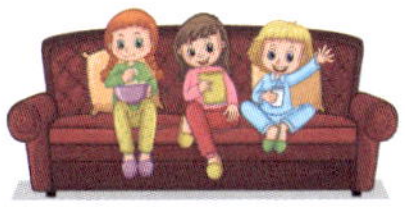

아이, 어린이

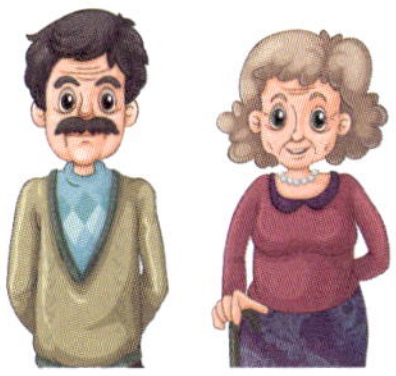

부모

sport

soccer

volleyball

baseball

basketball

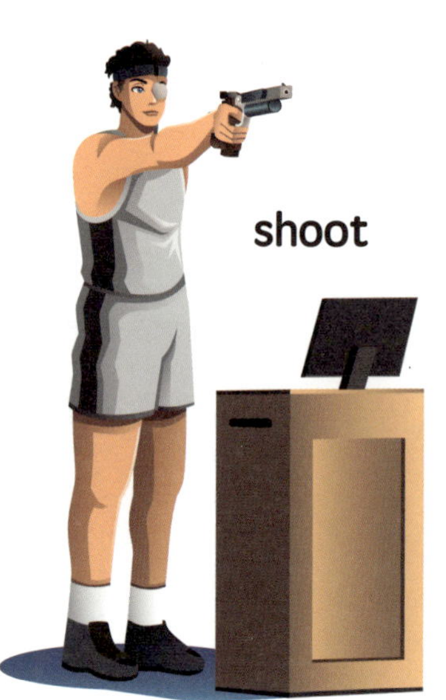

shoot

tennis

fencing

swimming

horse racing

golf

taekwondo

table tennis

skating

단어를 읽으면서 바르게 써보세요.

운동 [스포오트]

sport　sport

축구 [사커]

soccer　soccer

배구 [발리볼-]

volleyball　volleyball

야구 [베이스보올]

baseball　baseball

농구 [배스킷보울]

basketball　basketball

테니스 [테니스]

tennis　tennis

사격하다 [슈-트]

shoot　shoot

fencing fencing

펜싱 [펜싱]

swimming swimming

수영 [스위밍]

horse racing horse racing

경마 [호-스레이싱]

golf golf

골프 [갈프]

taekwondo taekwondo

태권도 [타이퀀도우]

table tennis table tennis

탁구 [테이블 테니스]

skating skating

스케이트 [스케이팅]

그림을 보고 영단어와 우리말 뜻을 연결하세요.

shoot		축구
sport		사격하다
baseball		운동
soccer		배구
volleyball		농구
basketball		야구
tennis		테니스

golf

fencing

taekwondo

swimming

horse racing

skating

table tennis

태권도

수영

펜싱

골프

스케이트

탁구

경마

 알맞은 철자를 넣어 퍼즐을 완성하여 써보세요.

가로 힌트
1. 농구
2. 운동
3. 축구

세로 힌트
1. 야구
2. 테니스
3. 스케이트

 그림을 보고 알맞은 단어를 써보세요.

 그림을 보고 알맞은 단어를 써보세요.

골프

태권도

탁구

스케이트

운동

축구

배구

야구

농구

테니스

사격하다

ANIMAL 동물 [에너멀]

monkey
zebra
rabbit
deer
rhino
cat
elephant
hippo
crocodile
snake

단어를 읽으면서 바르게 써보세요.

동물 [에너멀]

animal animal

기린 [쥐래프]

giraffe giraffe

코알라 [코알라]

koala koala

여우 [팍스]

fox fox

곰 [베어]

bear bear

호랑이 [타이거]

tiger tiger

사자 [라이언]

lion lion

camel camel

낙타 [캐멀]

pig pig

돼지 [피그]

dog dog

개 [도-그]

cow cow

소 [카우]

zebra zebra

얼룩말 [지-브러]

monkey monkey

원숭이 [멍키]

rabbit rabbit

토끼 [래빗]

단어를 읽으면서 바르게 써보세요.

deer deer
사슴 [디어]

rhino rhino
코뿔소 [라이노우]

cat cat
고양이 [캣]

elephant elephant
코끼리 [엘러펀트]

hippo hippo
하마 [히포우]

crocodile crocodile
악어 [크라커다일]

snake snake
뱀 [스네익]

 그림을 보고 영단어와 우리말 뜻을 연결하세요.

 그림을 보고 영단어와 우리말 뜻을 연결하세요.

	dog	돼지
	camel	토끼
	pig	낙타
	zebra	개
	cow	원숭이
	monkey	소
	rabbit	얼룩말

rhino
deer
elephant
crocodile
cat
hippo
snake
코끼리
코뿔소
하마
사슴
뱀
고양이
악어

✏️ 알맞은 철자를 넣어 퍼즐을 완성하여 써보세요.

가로 힌트
1. 동물
2. 여우
3. 코알라

세로 힌트
1. 기린
2. 사자
3. 곰

✏️ 그림을 보고 알맞은 단어를 써보세요.

그림을 보고 알맞은 단어를 써보세요.

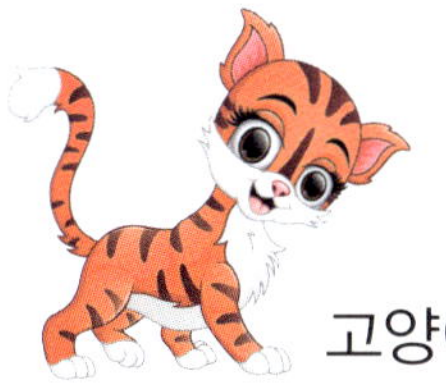
고양이

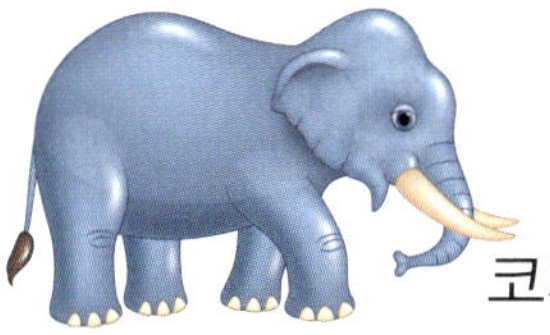
코끼리

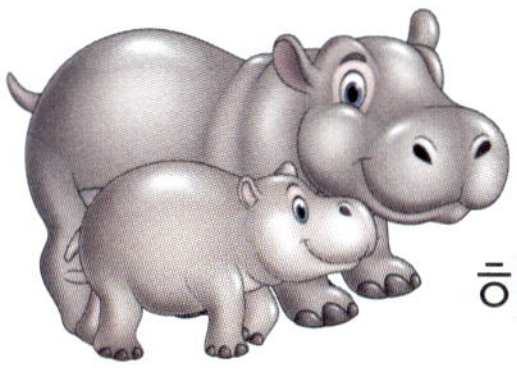
하마

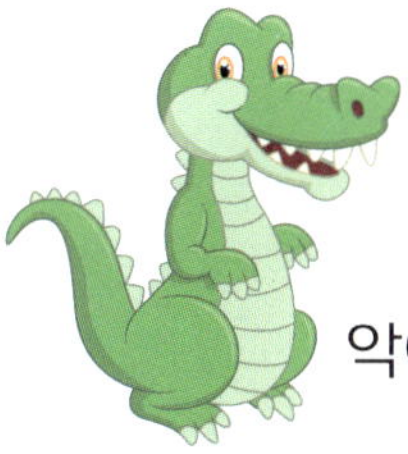
악어

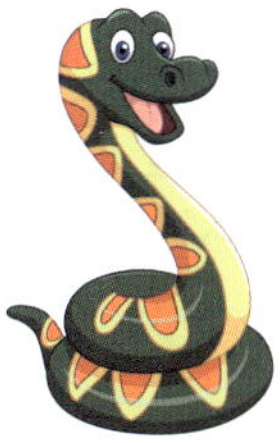
뱀

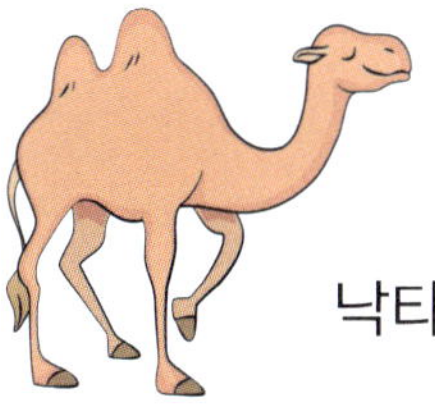
낙타

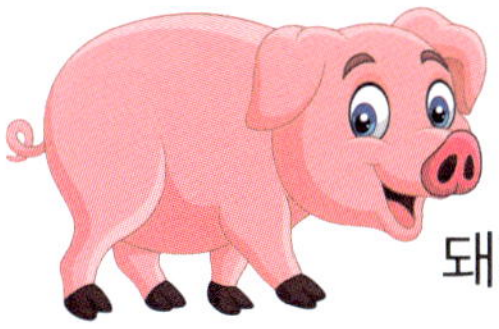
돼지

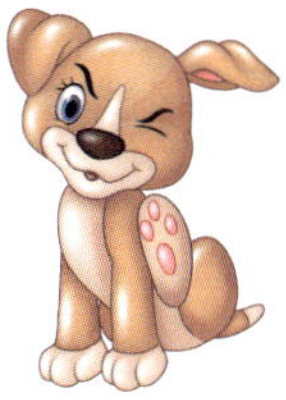
개

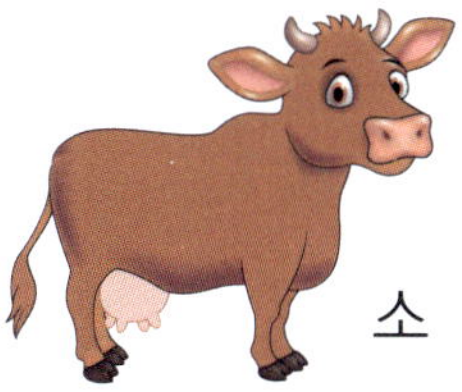
소

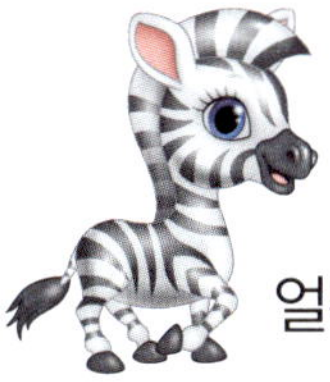
얼룩말

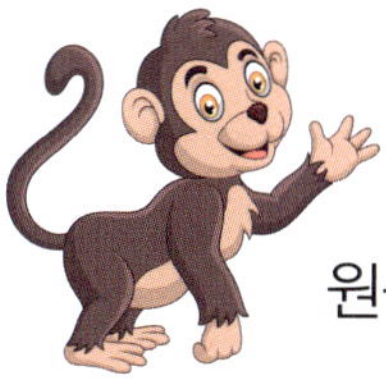
원숭이

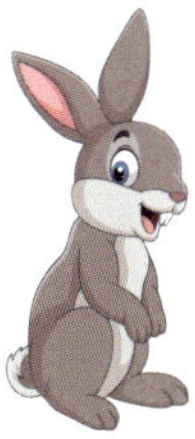
토끼

COLOR

color

red

yellow

pink

orange

green

brown

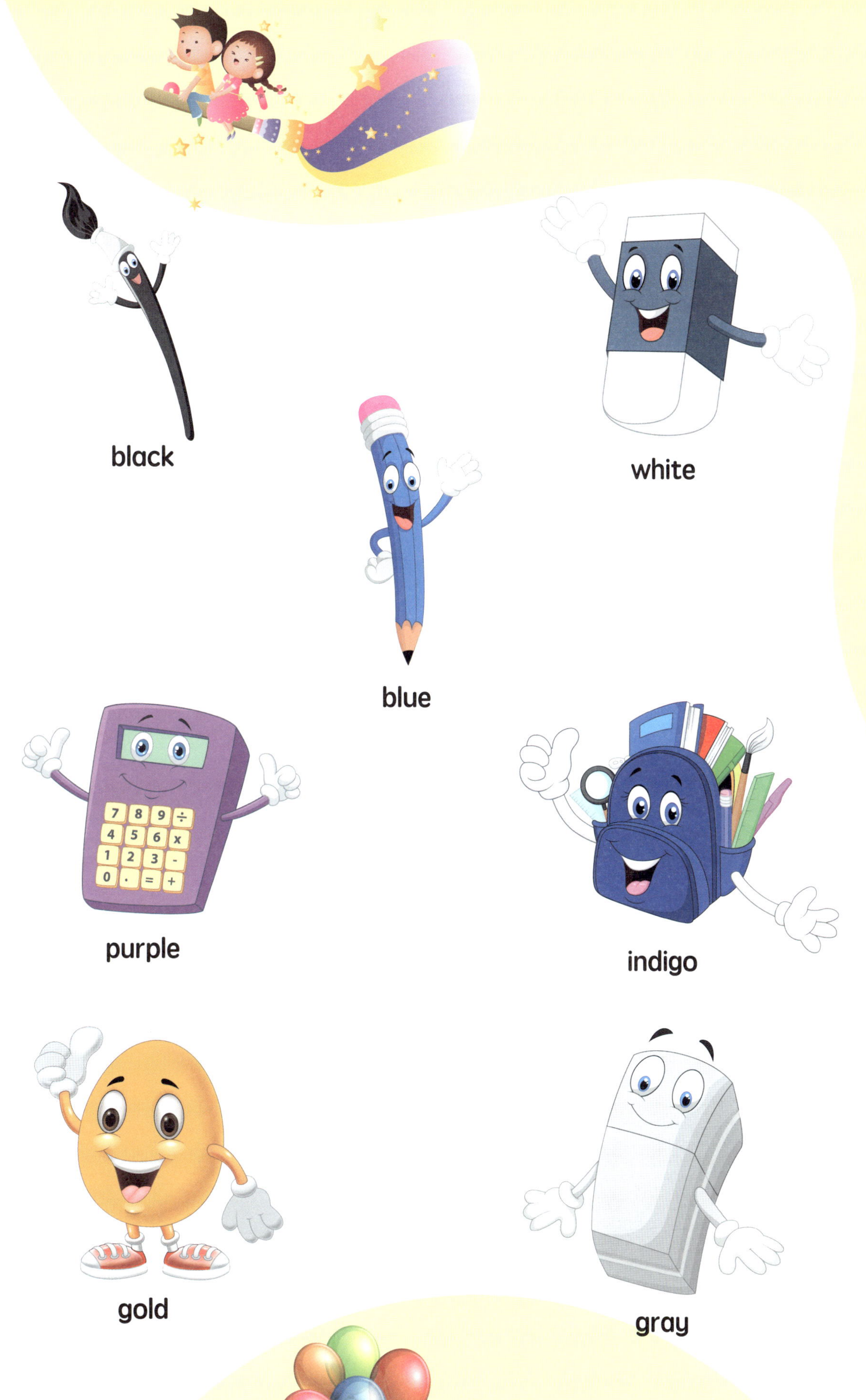

black

white

blue

purple

indigo

gold

gray

✏️ 단어를 읽으면서 바르게 써보세요.

색깔 [컬러]

color color

빨간색 [레드]

red red

노란색 [옐로우]

yellow yellow

분홍색 [핑크]

pink pink

주황색 [오-린쥐]

orange orange

녹색 [그리인]

green green

갈색 [브라운]

brown brown

black black ....

검은색 [블랙]

white white ....

흰색 [와이트]

blue blue ....

파란색 [블루우]

purple purple ....

보라색 [퍼-플]

indigo indigo ....

남색 [인디고우]

gold gold ....

금색 [고울드]

gray gray ....

회색 [그레이]

 그림을 보고 영단어와 우리말 뜻을 연결하세요.

orange	색깔
red	주황색
color	빨간색
yellow	갈색
brown	노란색
pink	녹색
green	분홍색

 그림을 보고 영단어와 우리말 뜻을 연결하세요.

white · · 금색

black · · 흰색

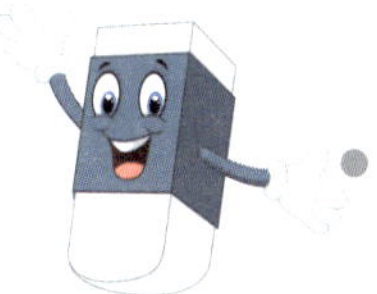

gray · · 검은색

gold · · 보라색

indigo · · 파란색

blue · · 남색

purple · · 회색

 알맞은 철자를 넣어 퍼즐을 완성하여 써보세요.

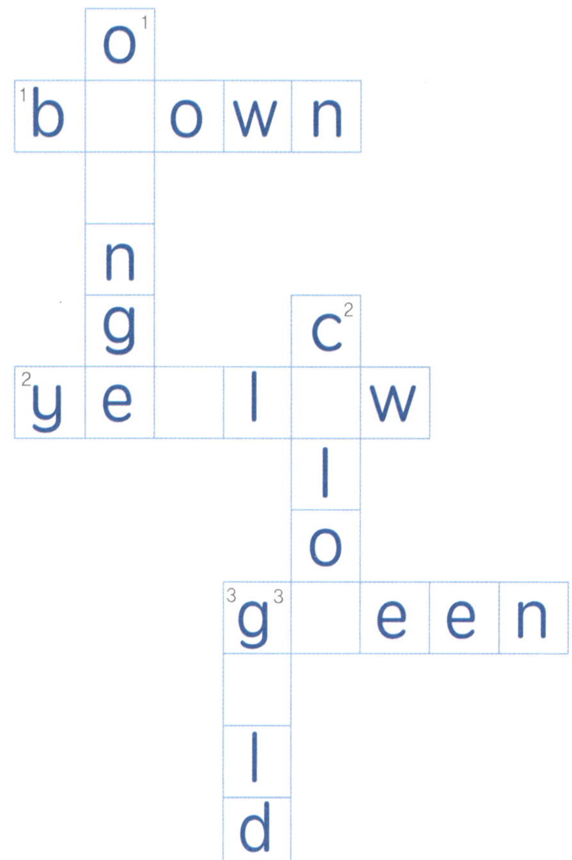

가로 힌트

1. 갈색
2. 노란색
3. 녹색

세로 힌트

1. 주황색
2. 색깔
3. 금색

 그림을 보고 알맞은 단어를 써보세요.

 그림을 보고 알맞은 단어를 써보세요.

빨간색

주황색

갈색

녹색

검은색

회색

금색

남색

파란색

보라색

흰색

MUSIC 음악 [뮤-직]

music

sing

song

sound

concert

piano

violin

band

drum

guitar

xylophone

voice

contest

aloud

✏️ 단어를 읽으면서 바르게 써보세요.

music music

음악 [뮤-직]

sing sing

노래하다 [싱]

song song

노래 [소옹]

sound sound

소리 [사운드]

concert concert

공연 [칸서트]

piano piano

피아노 [피애노우]

violin violin

바이올린 [바이얼린]

band band

악단 [밴드]

guitar guitar

기타 [기타-]

drum drum

드럼 [드럼]

xylophone xylophone

실로폰 [자일러포운]

voice voice

목소리 [보이스]

contest contest

대회 [콘테스트]

aloud aloud

큰 소리로 [얼라우드]

 그림을 보고 영단어와 우리말 뜻을 연결하세요.

sing		음악
music		노래하다
violin		바이올린
sound		노래
song		피아노
concert		소리
piano		공연

그림	영단어	우리말
	guitar	악단
	aloud	큰 소리로
	drum	실로폰
	band	기타
	xylophone	드럼
	contest	목소리
	voice	대회

✏️ 알맞은 철자를 넣어 퍼즐을 완성하여 써보세요.

✏️ 그림을 보고 알맞은 단어를 써보세요.

 그림을 보고 알맞은 단어를 써보세요.

피아노

공연

소리

바이올린

악단

실로폰

기타

드럼

대회

큰 소리로

목소리

FOOD

음식 [푸우드]

food

hamburger

milk

pizza

bread

sandwich

juice

ice cream
tea
egg
coffee
hot dog
chicken
cookie

✏️ 단어를 읽으면서 바르게 써보세요.

음식 [푸우드]

food food

햄버거 [햄버–거]

hamburger hamburger

우유 [밀크]

milk milk

피자 [피–처]

pizza pizza

빵 [브뢰드]

bread bread

샌드위치 [피애노우]

sandwich sandwich

주스 [주–스]

juice juice

아이스크림 [아이스크림-]

ice cream ice cream

차 [티-]

tea tea

달걀 [에그]

egg egg

커피 [코-피]

coffee coffee

핫도그 [핟도그]

hot dog hot dog

닭고기 [취킨]

chicken chicken

과자 [쿠키]

cookie cookie

 그림을 보고 영단어와 우리말 뜻을 연결하세요.

  milk  음식

  bread  피자

  food  햄버거

  hamburger  우유

  pizza  빵

  juice 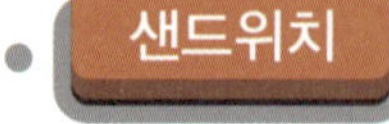 샌드위치

  sandwich  주스

tea   커피

ice cream   핫도그

hot dog   달걀

coffee   닭고기

egg   과자

chicken   차

cookie   아이스크림

알맞은 철자를 넣어 퍼즐을 완성하여 써보세요.

가로 힌트

1. 햄버거
2. 닭고기

세로 힌트

1. 샌드위치
2. 빵
3. 우유
4. 달걀

그림을 보고 알맞은 단어를 써보세요.

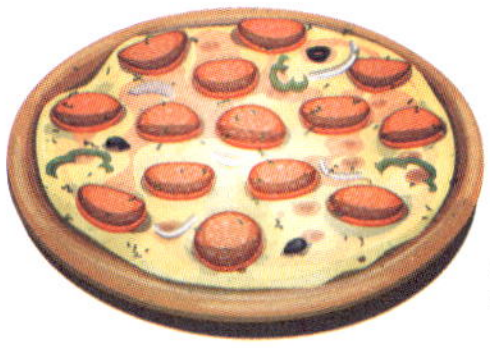

피자

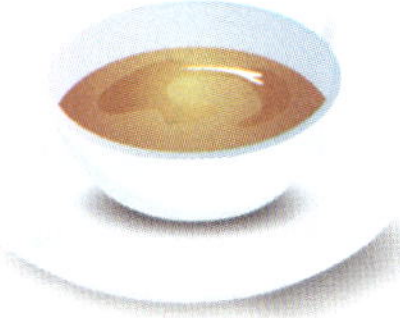

차

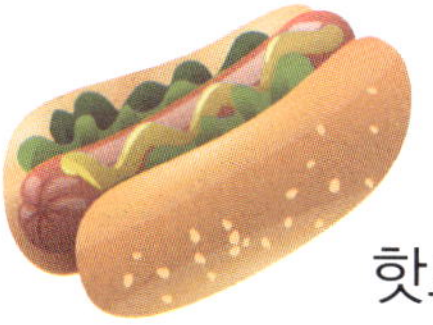

핫도그

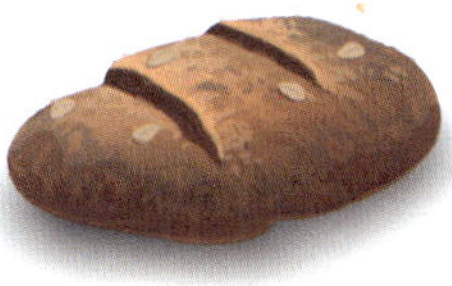

빵

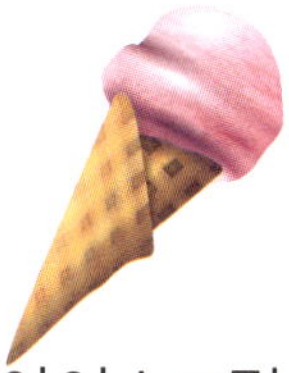

아이스크림

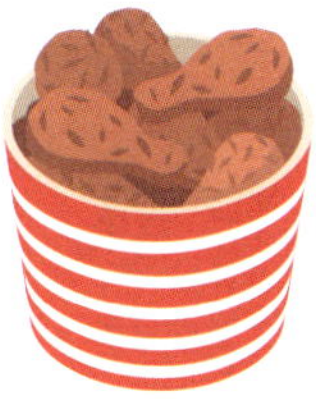

닭고기

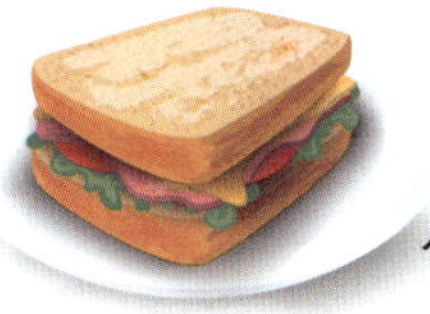

샌드위치

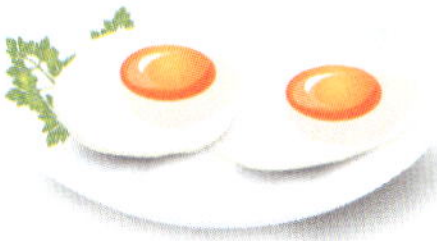

달걀

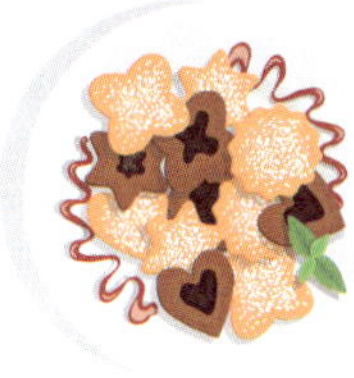

과자

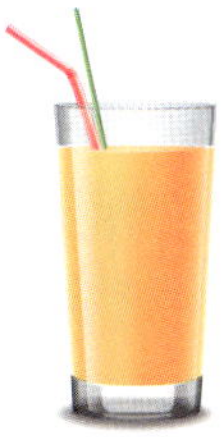

주스

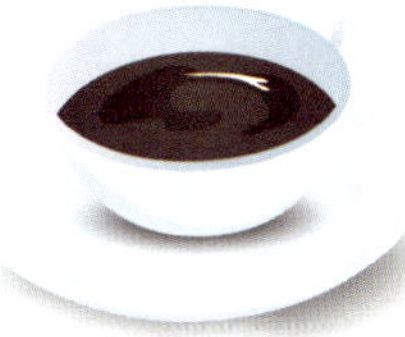

커피

VEHICLE 탈것 [비-이클]

vehicle

car

taxi

airplane

train

truck

bus

boat

helicopter

drive

ship

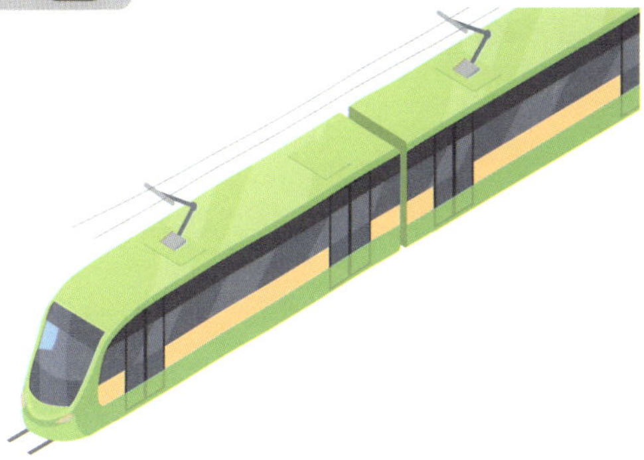

subway

bicycle

motorbike

 단어를 읽으면서 바르게 써보세요.

탈것 [비-이클]

vehicle vehicle

자동차 [카-]

car car

택시 [택시]

taxi taxi

비행기 [에어플레인]

airplane airplane

기차 [트레인]

train train

화물차 [트럭]

truck truck

버스 [버스]

bus bus

boat boat

보트 [보우트]

helicopter helicopter

헬리콥터 [헬리캅터]

drive drive

운전하다 [드라이브]

ship ship

배(큰배) [쉽]

subway subway

지하철 [섭웨이]

bicycle bicycle

자전거 [바이시컬]

motorbike motorbike

오토바이 [모우터바이크]

그림을 보고 영단어와 우리말 뜻을 연결하세요.

airplane		택시
vehicle		자동차
taxi		비행기
car		기차
bus		탈것
truck		버스
train		화물차

 그림을 보고 영단어와 우리말 뜻을 연결하세요.

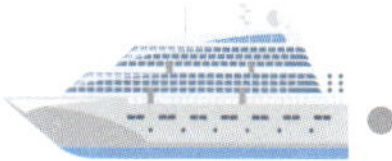

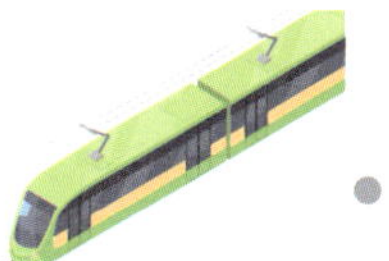

drive		보트
boat		헬리콥터
ship		운전하다
helicopter		배(큰배)
motorbike		오토바이
bicycle		지하철
subway		자전거

 알맞은 철자를 넣어 퍼즐을 완성하여 써보세요.

가로 힌트

1. 탈것
2. 배
3. 기차

세로 힌트

1. 비행기
2. 택시

 그림을 보고 알맞은 단어를 써보세요.

그림을 보고 알맞은 단어를 써보세요.

탈것

화물차

보트

자동차

헬리콥터

운전하다

택시

오토바이

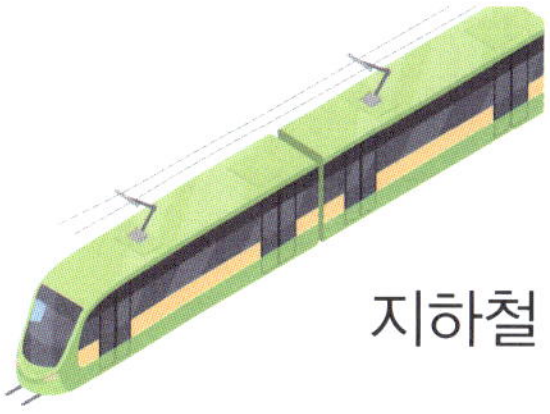

지하철

배(큰배)

자전거

PLANT 식물 [플랜트]

plant

pine

rose

cactus

fruit

root

leaf

seed

stem

sprout

branch

annual ring

trunk

palm

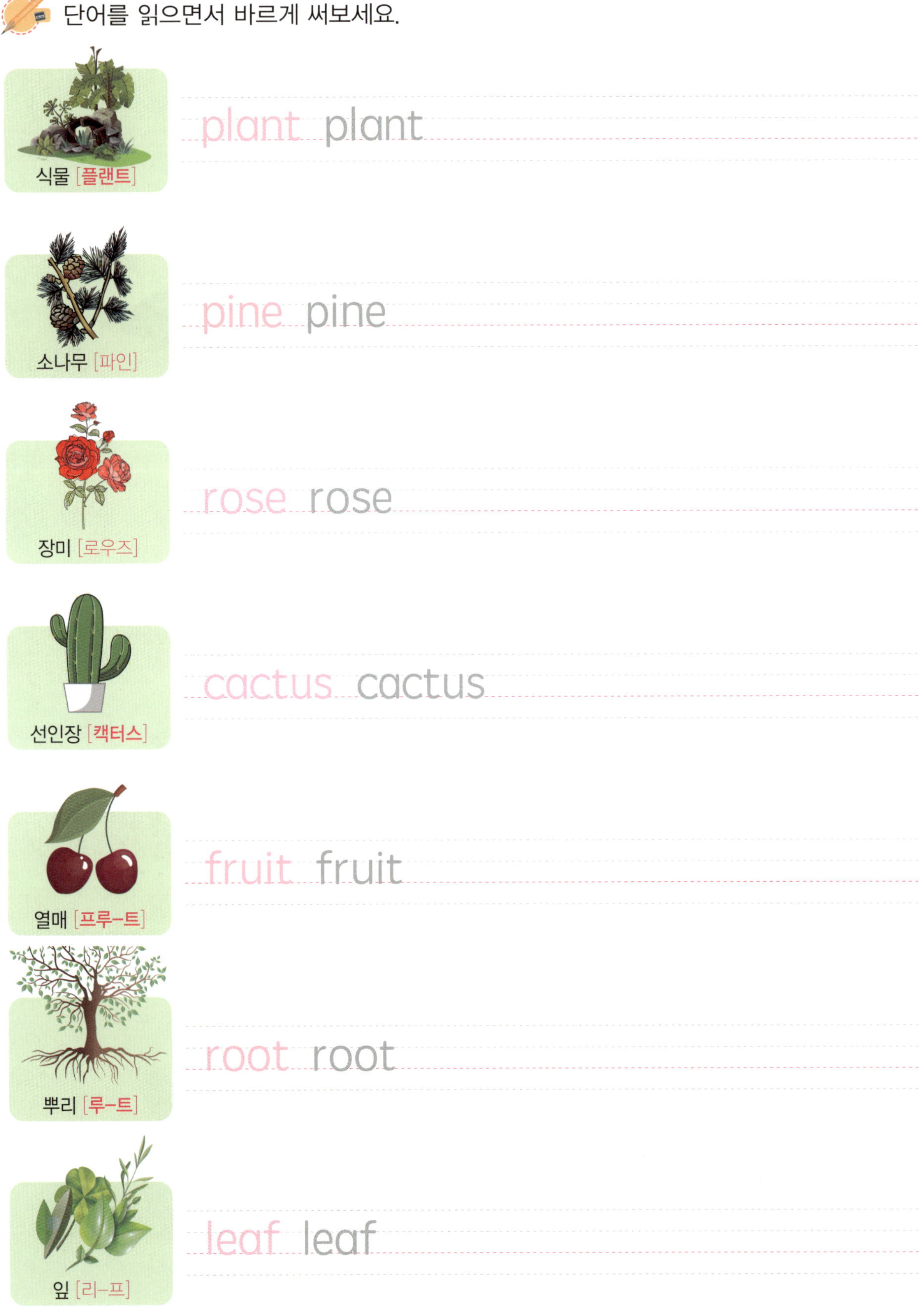

✏️ 단어를 읽으면서 바르게 써보세요.

식물 [플랜트] — plant plant

소나무 [파인] — pine pine

장미 [로우즈] — rose rose

선인장 [캑터스] — cactus cactus

열매 [프루―트] — fruit fruit

뿌리 [루―트] — root root

잎 [리―프] — leaf leaf

씨앗 [시-드]
seed seed
새싹 [스프라우트]
sprout sprout
줄기 [스템]
stem stem
가지 [브랜치]
branch branch
나이테 [애뉴얼-링]
annual ring annual ring
(나무의) 몸통 [트렁크]
trunk trunk
야자나무 [팜-ㅁ]
palm palm

 그림을 보고 영단어와 우리말 뜻을 연결하세요.

 rose  잎

 cactus  식물

 leaf 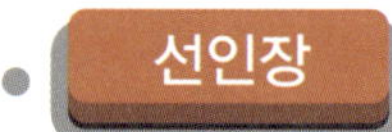 선인장

 plant 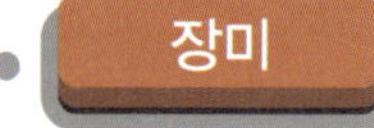 장미

pine  소나무

root 열매

fruit 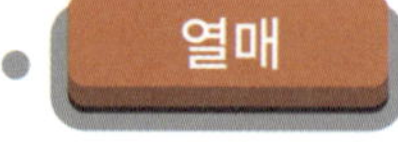 뿌리
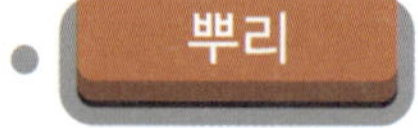

 그림을 보고 영단어와 우리말 뜻을 연결하세요.

sprout

씨앗

seed

줄기

palm

새싹

stem

야자나무

branch

(나무의) 몸통

annual ring

가지

trunk

나이테

 # PLANT 식물

✏️ 알맞은 철자를 넣어 퍼즐을 완성하여 써보세요.

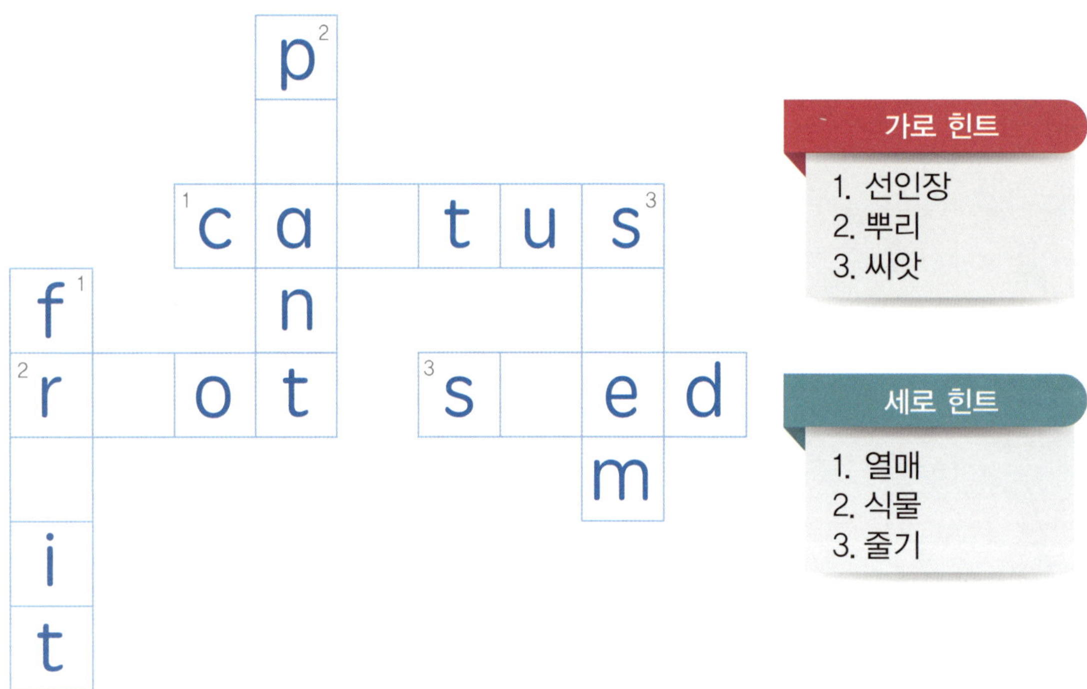

 ✏️ 그림을 보고 알맞은 단어를 써보세요.

 그림을 보고 알맞은 단어를 써보세요.

식물

씨앗

나이테

소나무

새싹

(나무의) 몸통

장미

줄기

야자나무

선인장

가지

ROOM 방 [루―ㅁ]
window
pillow
doll
bed

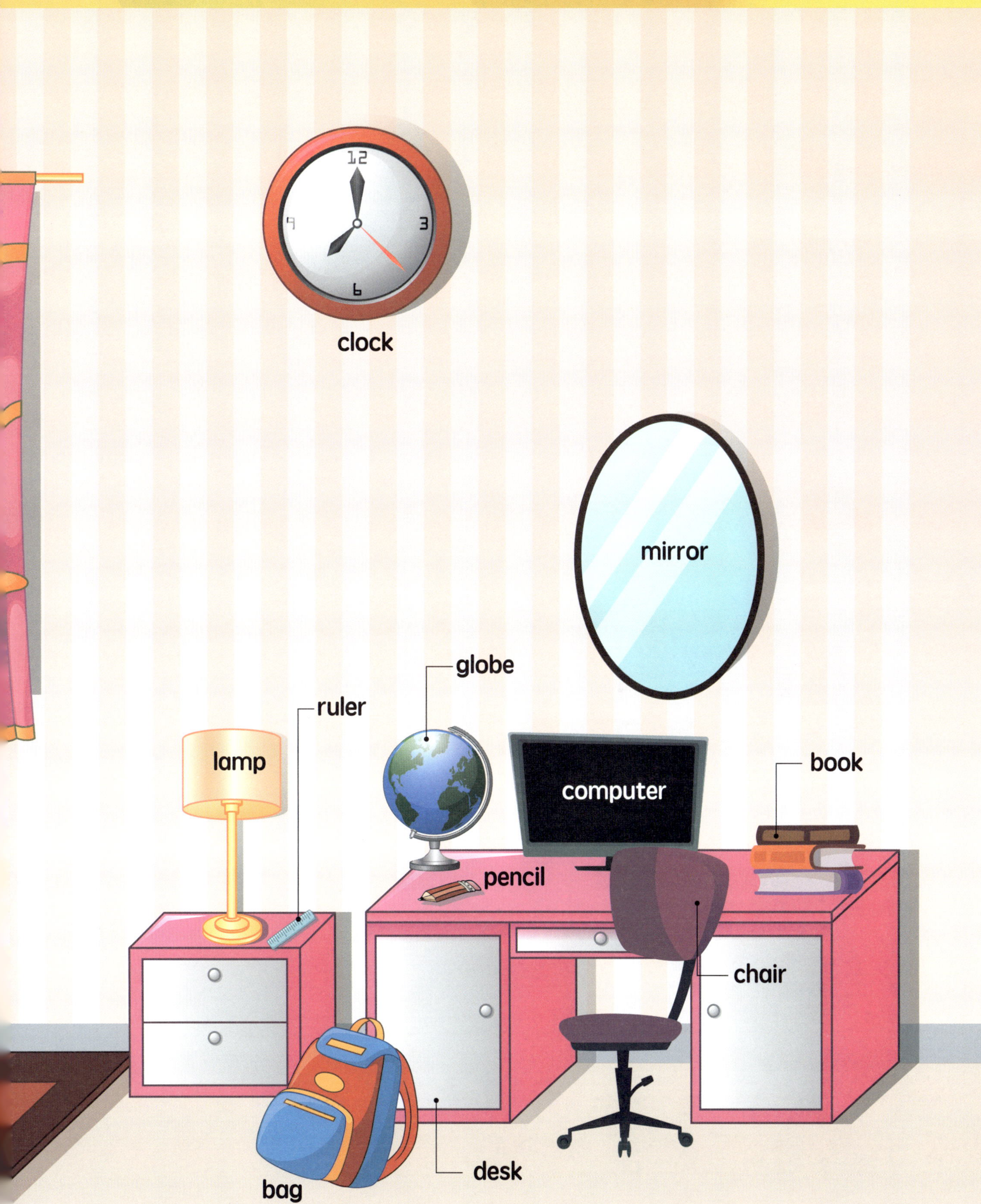

clock
mirror
globe
ruler
lamp
book
computer
pencil
chair
desk
bag

ROOM 방

단어를 읽으면서 바르게 써보세요.

ruler ruler

자 [룰-러]

pillow pillow

베개 [필로우]

doll doll

인형 [달]

bed bed

침대 [베드]

lamp lamp

등불 [램프]

globe globe

지구본 [글롭]

bag bag

가방 [배그]

연필 [펜슬]

pencil pencil

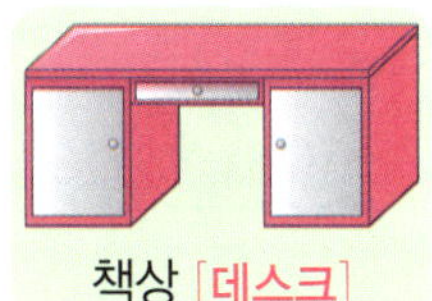

책상 [데스크]

desk desk

의자 [체어]

chair chair

책 [북]

book book

거울 [미러]

mirror mirror

시계 [클락]

clock clock

방 [루-ㅁ]

room room

 그림을 보고 영단어와 우리말 뜻을 연결하세요.

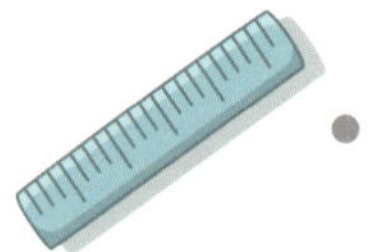

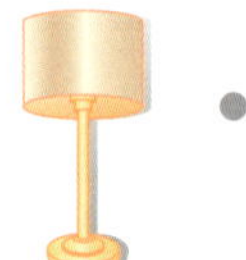

lamp	가방
ruler	등불
bag	자
pillow	인형
globe	베개
doll	침대
bed	지구본

 그림을 보고 영단어와 우리말 뜻을 연결하세요.

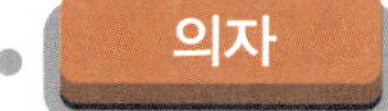

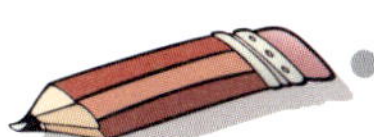

✏️ 알맞은 철자를 넣어 퍼즐을 완성하여 써보세요.

가로 힌트
1. 연필
2. 책
3. 시계

세로 힌트
1. 책상
2. 거울

✏️ 그림을 보고 알맞은 단어를 써보세요.

베개

자

인형

 그림을 보고 알맞은 단어를 써보세요.

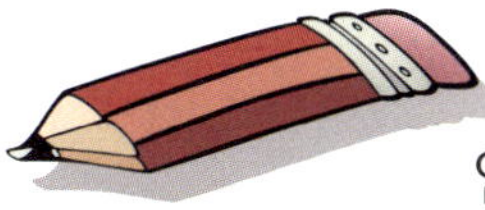

연필	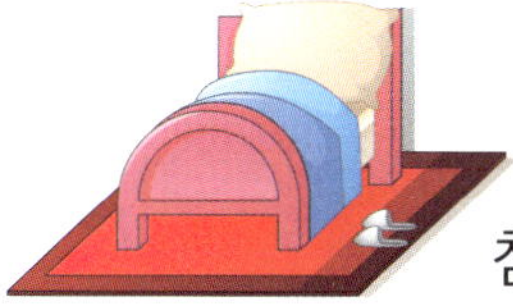 침대	 방
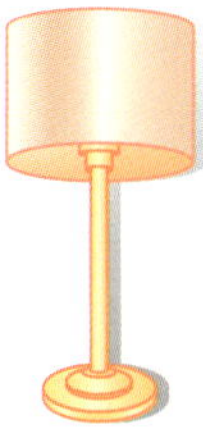 등불	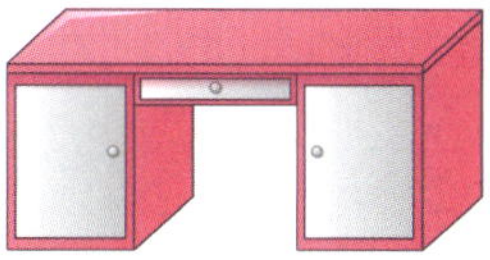 책상	 시계
 의자	 지구본	 거울
 가방	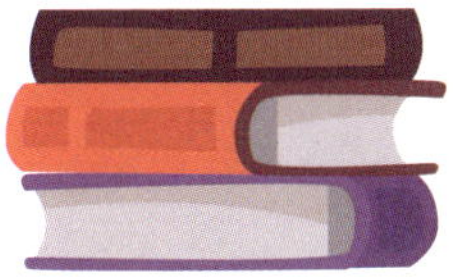 책	

정답

A 에이

그림을 보고 영단어와 우리말 뜻을 연결하세요.

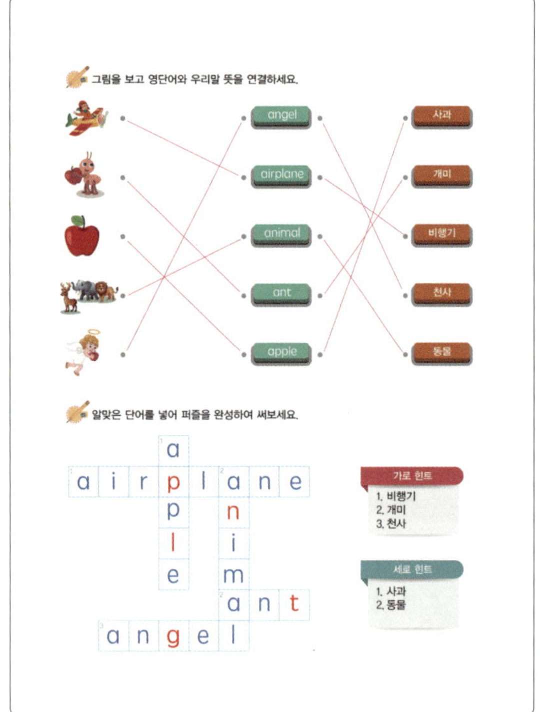

angel — 사과
airplane — 개미
animal — 비행기
ant — 천사
apple — 동물

알맞은 단어를 넣어 퍼즐을 완성하여 써보세요.

```
      a
a i r p l a n e
      p   n
      l   i
      e   m
          a n t
a n g e l
```

가로 힌트
1. 비행기
2. 개미
3. 천사

세로 힌트
1. 사과
2. 동물

단어와 뜻을 생각하면서 색칠해 보세요.

우리말 뜻을 영단어로 써보세요.

1. 동물 animal
2. 개미 ant
3. 사과 apple
4. 비행기 airplane
5. 천사 angel

B 비-

그림을 보고 영단어와 우리말 뜻을 연결하세요.

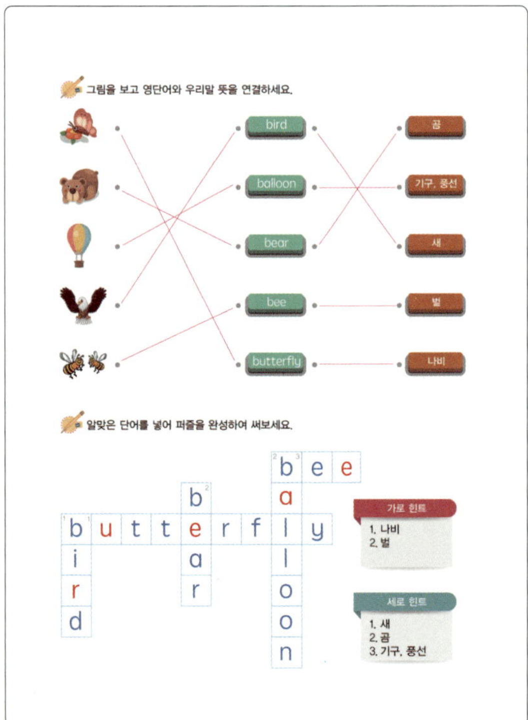

bird — 곰
balloon — 기구, 풍선
bear — 새
bee — 벌
butterfly — 나비

알맞은 단어를 넣어 퍼즐을 완성하여 써보세요.

```
              b e e
        b     a
b u t t e r f l y
i     a       l
r     r       o
d             o
              n
```

가로 힌트
1. 나비
2. 벌

세로 힌트
1. 새
2. 곰
3. 기구, 풍선

단어와 뜻을 생각하면서 색칠해 보세요.

우리말 뜻을 영단어로 써보세요.

1. 곰 bear
2. 기구, 풍선 balloon
3. 새 bird
4. 곰 bear
5. 기구, 풍선 balloon

C 씨-

그림을 보고 영단어와 우리말 뜻을 연결하세요.
cow
cloud
chicken
cat
carrot
구름
당근
암소/젖소
닭/닭고기
고양이
알맞은 단어를 넣어 퍼즐을 완성하여 써보세요.
c h i c k e n
a
t
a
r
r
o
t
c l o u d
o
w
가로 힌트
1. 닭/닭고기
2. 구름
세로 힌트
1. 고양이
2. 당근
3. 암소/젖

단어와 뜻을 생각하면서 색칠해 보세요.
cloud
cow
cat
carrot
chicken
우리말 뜻을 영단어로 써보세요.
1. 구름   cloud
2. 암소/젖소   cow
3. 닭/닭고기   chicken
4. 고양이   cat
5. 당근   carrot

D 디-

그림을 보고 영단어와 우리말 뜻을 연결하세요.
dog
drum
dish
doll
duck
오리
접시
드럼
인형
개
알맞은 단어를 넣어 퍼즐을 완성하여 써보세요.
d o g   d o l l
r   i
d u c k   s
m   h
가로 힌트
1. 개
2. 오리
3. 인형
세로 힌트
1. 드럼
2. 접시

단어와 뜻을 생각하면서 색칠해 보세요.
doll
duck
dog
dish
drum
우리말 뜻을 영단어로 써보세요.
1. 오리   duck
2. 접시   dish
3. 개   dog
4. 인형   doll
5. 북   drum

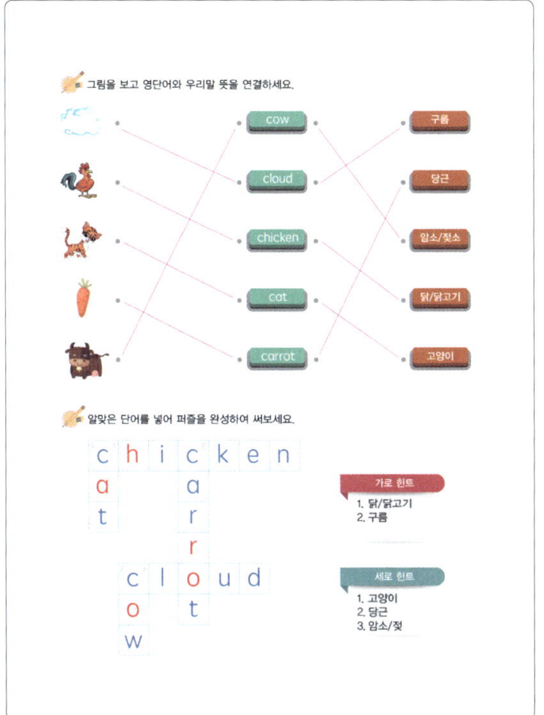

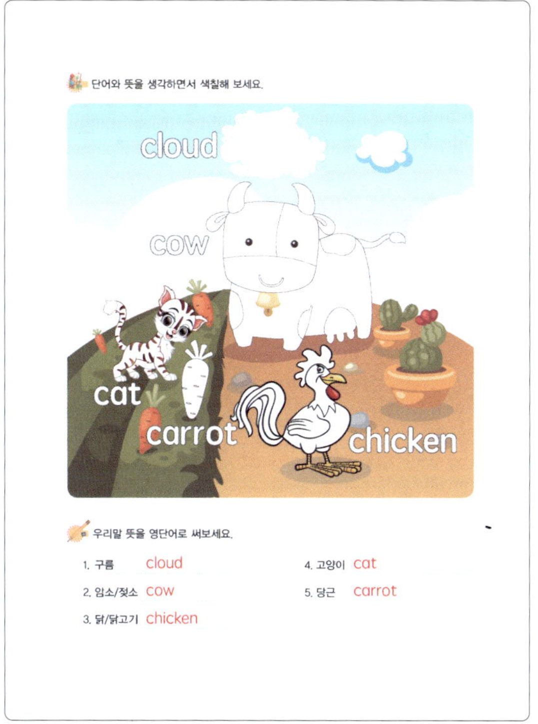

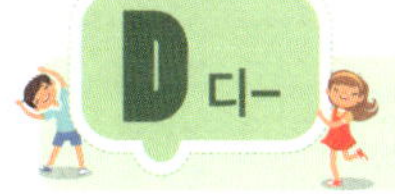

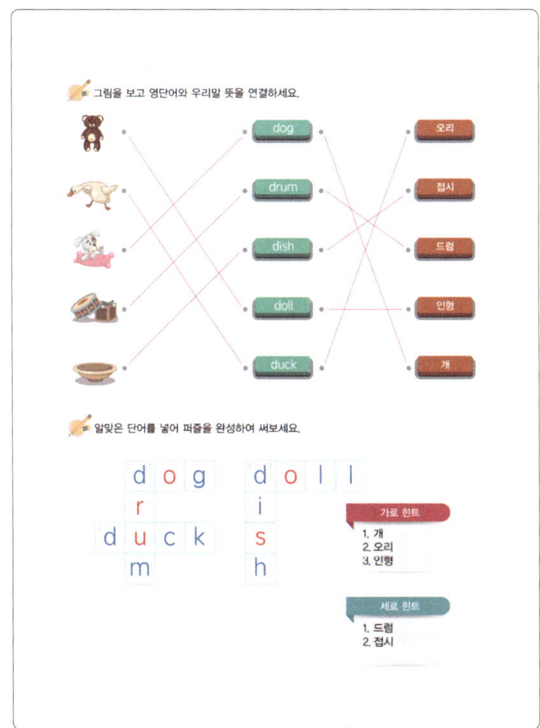

E 이-

그림을 보고 영단어와 우리말 뜻을 연결하세요.

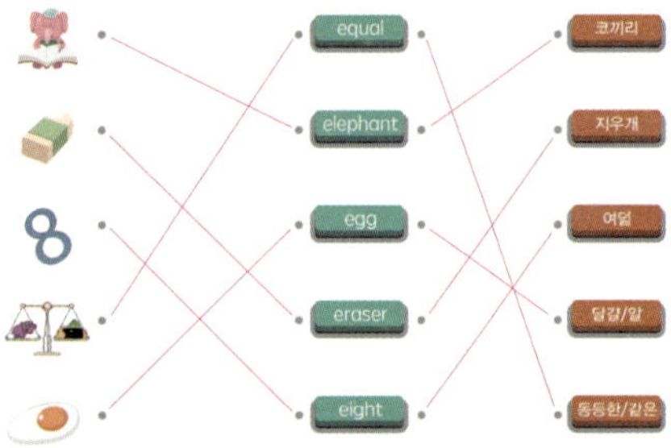

equal · 코끼리
elephant · 지우개
egg · 여덟
eraser · 달걀/알
eight · 동등한/같은

알맞은 단어를 넣어 퍼즐을 완성하여 써보세요.

e i g h t
e r a s e r
e l e p h a n t
g g
e q u a l

가로 힌트
1. 코끼리
2. 동등한/같은

세로 힌트
1. 달걀/알
2. 지우개
3. 여덟

단어와 뜻을 생각하면서 색칠해 보세요.

우리말 뜻을 영단어로 써보세요.

1. 코끼리   elephant
2. 동등한/같은   equal
3. 지우개   eraser
4. 달걀/알   egg
5. 여덟   eight

F 에프

그림을 보고 영단어와 우리말 뜻을 연결하세요.

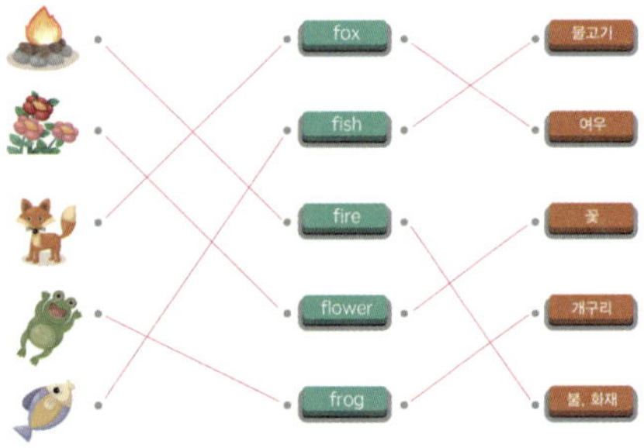

fox · 물고기
fish · 여우
fire · 꽃
flower · 개구리
frog · 불, 화재

알맞은 단어를 넣어 퍼즐을 완성하여 써보세요.

f i s h
i
f l o w e r
r e
f o x
g

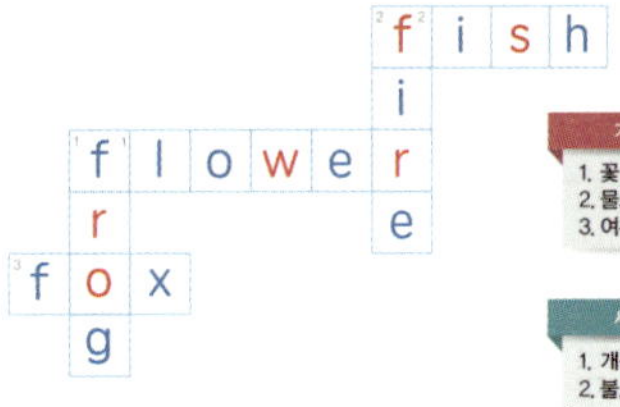

가로 힌트
1. 꽃
2. 물고기
3. 여우

세로 힌트
1. 개구리
2. 불, 화재

단어와 뜻을 생각하면서 색칠해 보세요.

우리말 뜻을 영단어로 써보세요.

1. 개구리   frog
2. 불, 화재   fire
3. 꽃   flower
4. 여우   fox
5. 물고기   fish

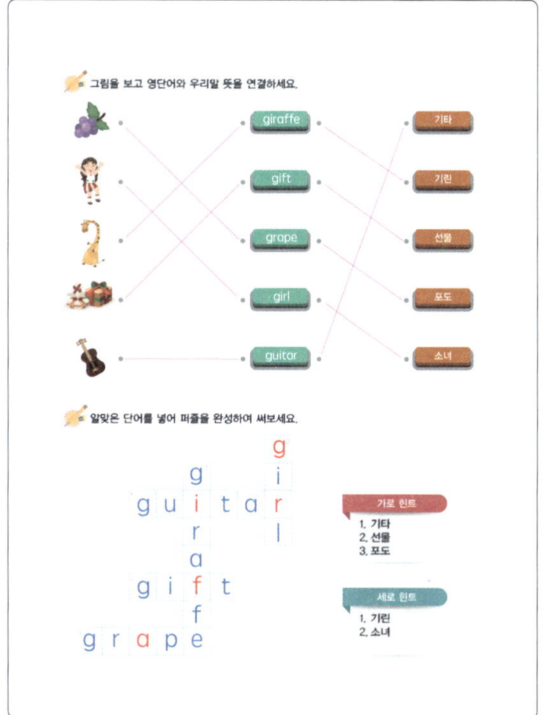

그림을 보고 영단어와 우리말 뜻을 연결하세요.
giraffe
gift
grape
girl
guitar
기타
기린
선물
포도
소녀
알맞은 단어를 넣어 퍼즐을 완성하여 써보세요.
g
g   i
guitar l
i
r
a
gift
f
grape
f
가로 힌트
1. 기타
2. 선물
3. 포도
세로 힌트
1. 기린
2. 소녀

단어와 뜻을 생각하면서 색칠해 보세요.
giraffe
grape
guitar
girl
gift
우리말 뜻을 영단어로 써보세요.
1. 기린 giraffe
2. 기타 guitar
3. 포도 grape
4. 소녀 girl
5. 선물 gift

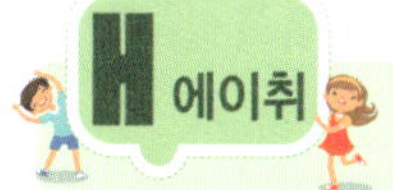

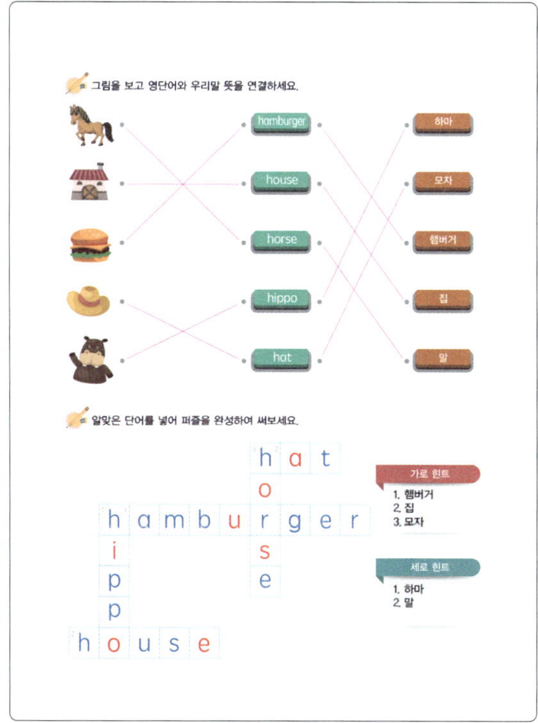

그림을 보고 영단어와 우리말 뜻을 연결하세요.
hamburger
house
horse
hippo
hat
하마
모자
햄버거
집
말
알맞은 단어를 넣어 퍼즐을 완성하여 써보세요.
hat
o
hamburger
i s
p e
p
house
가로 힌트
1. 햄버거
2. 집
3. 모자
세로 힌트
1. 하마
2. 말

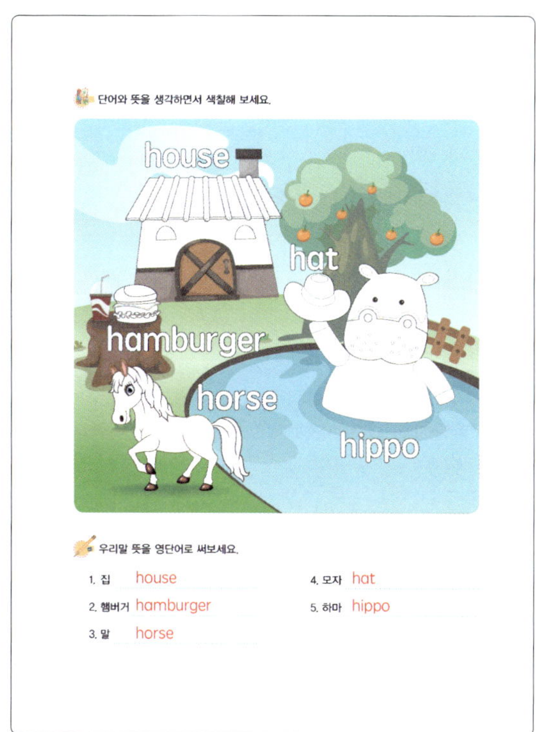

단어와 뜻을 생각하면서 색칠해 보세요.
house
hat
hamburger
horse
hippo
우리말 뜻을 영단어로 써보세요.
1. 집 house
2. 햄버거 hamburger
3. 말 horse
4. 모자 hat
5. 하마 hippo

I 아이-

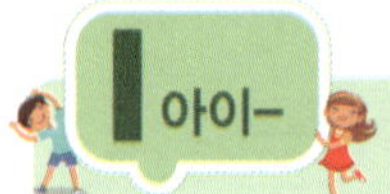

그림을 보고 영단어와 우리말 뜻을 연결하세요.

- indian
- island
- idea
- ice cream
- ice

- 섬
- 아이스크림
- 얼음
- 아메리칸 인디언
- 생각

알맞은 단어를 넣어 퍼즐을 완성하여 써보세요.

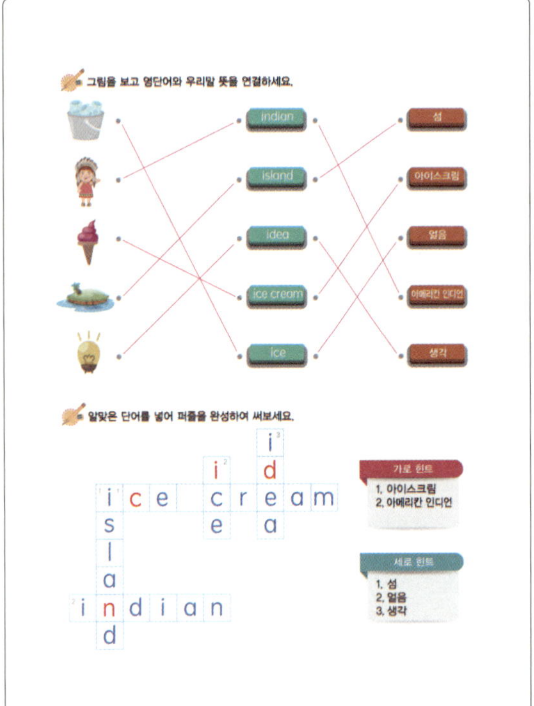

가로 힌트
1. 아이스크림
2. 아메리칸 인디언

세로 힌트
1. 섬
2. 얼음
3. 생각

i c e cream
island
indian

단어와 뜻을 생각하면서 색칠해 보세요.

우리말 뜻을 영단어로 써보세요.

1. 아이스크림 ice cream
2. 얼음 ice
3. 섬 island
4. 생각 idea
5. 아메리칸 인디언 indian

J 줴이

그림을 보고 영단어와 우리말 뜻을 연결하세요.

- juice
- journal
- jam
- jump
- jeans

- 잼
- 뛰어 오르다
- 주스
- 정기 간행물
- 청바지

알맞은 단어를 넣어 퍼즐을 완성하여 써보세요.

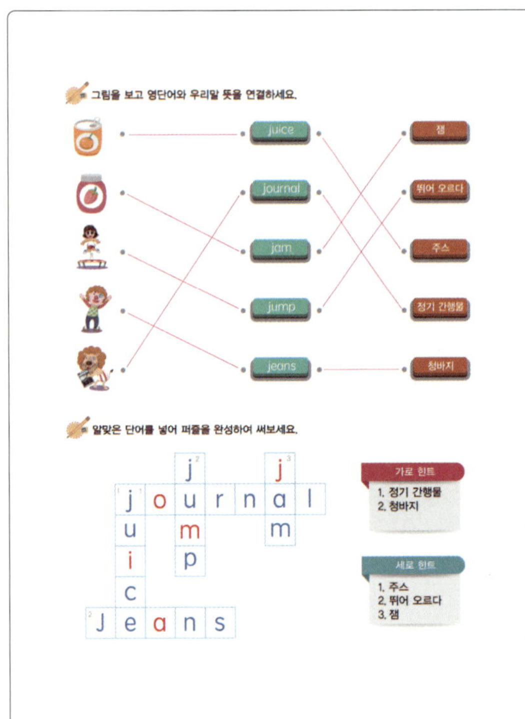

가로 힌트
1. 정기 간행물
2. 청바지

세로 힌트
1. 주스
2. 뛰어 오르다
3. 잼

journal
juice
Jeans

단어와 뜻을 생각하면서 색칠해 보세요.

우리말 뜻을 영단어로 써보세요.

1. 잼 jam
2. 주스 juice
3. 청바지 jeans
4. 뛰어 오르다 jump
5. 정기 간행물 journal

K 케이

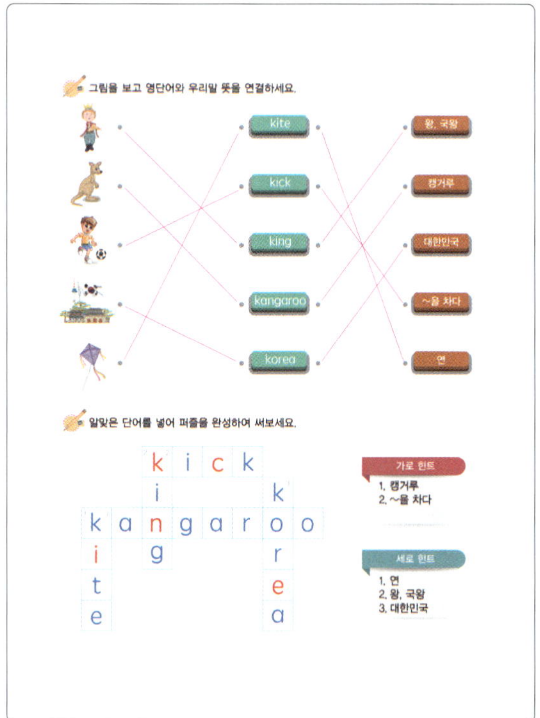

그림을 보고 영단어와 우리말 뜻을 연결하세요.

- kite
- kick
- king
- kangaroo
- korea

- 왕, 국왕
- 캥거루
- 대한민국
- ~을 차다
- 연

알맞은 단어를 넣어 퍼즐을 완성하여 써보세요.

```
k i c k
i        k
k a n g a r o o
i   g         o
t             r
e             e
              a
```

가로 힌트
1. 캥거루
2. ~을 차다

세로 힌트
1. 연
2. 왕, 국왕
3. 대한민국

단어와 뜻을 생각하면서 색칠해 보세요.

우리말 뜻을 영단어로 써보세요.

1. 왕, 국왕   king
2. ~을 차다 kick
3. 캥거루 kangaroo
4. 연   kite
5. 대한민국 korea

L 엘

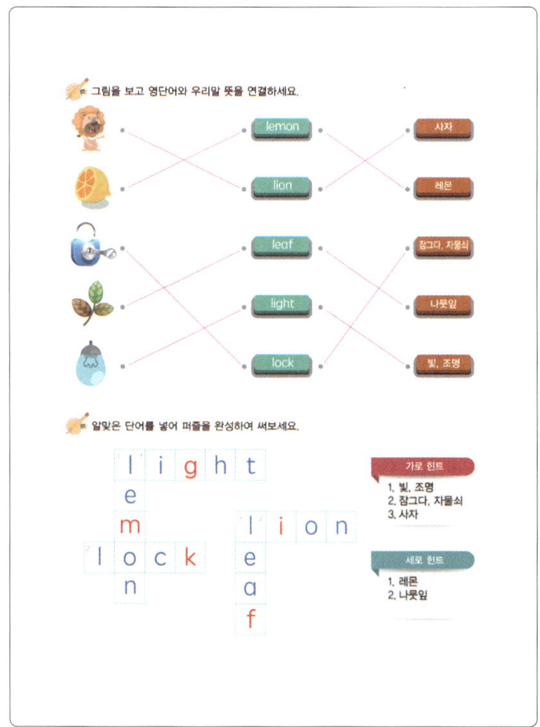

그림을 보고 영단어와 우리말 뜻을 연결하세요.

- lemon
- lion
- leaf
- light
- lock

- 사자
- 레몬
- 잠그다, 자물쇠
- 나뭇잎
- 빛, 조명

알맞은 단어를 넣어 퍼즐을 완성하여 써보세요.

```
l i g h t
e
m         l i o n
l o c k     e
n           a
            f
```

가로 힌트
1. 빛, 조명
2. 잠그다, 자물쇠
3. 사자

세로 힌트
1. 레몬
2. 나뭇잎

단어와 뜻을 생각하면서 색칠해 보세요.

우리말 뜻을 영단어로 써보세요.

1. 사자   lion
2. 나뭇잎 leaf
3. 레몬   lemon
4. 잠그다, 자물쇠 lock
5. 빛, 조명   light

M 엠

그림을 보고 영단어와 우리말 뜻을 연결하세요.

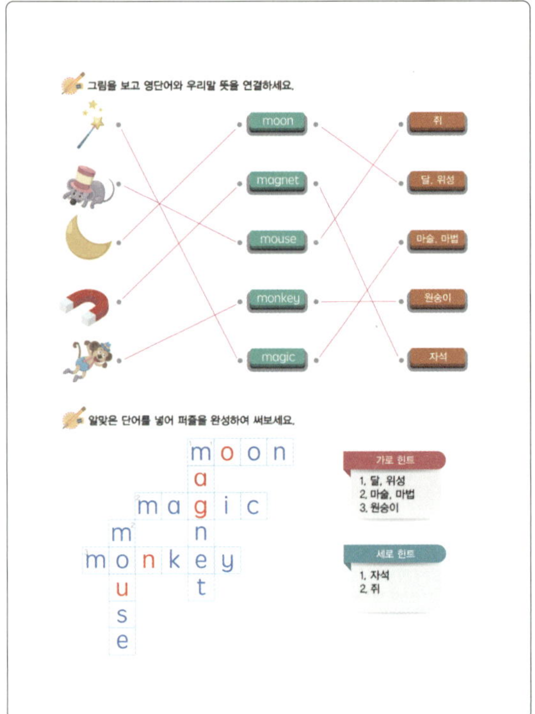

알맞은 단어를 넣어 퍼즐을 완성하여 써보세요.

가로 힌트
1. 달, 위성
2. 마술, 마법
3. 원숭이

세로 힌트
1. 자석
2. 쥐

단어와 뜻을 생각하면서 색칠해 보세요.

우리말 뜻을 영단어로 써보세요.

1. 쥐 mouse
2. 자석 magnet
3. 달, 위성 moon
4. 마술, 마법 magic
5. 원숭이 monkey

N 엔

그림을 보고 영단어와 우리말 뜻을 연결하세요.

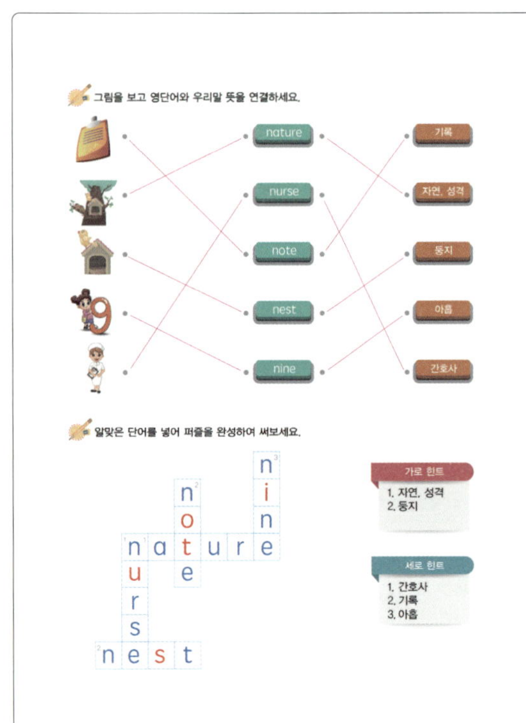

알맞은 단어를 넣어 퍼즐을 완성하여 써보세요.

가로 힌트
1. 자연, 성격
2. 둥지

세로 힌트
1. 간호사
2. 기록
3. 아홉

단어와 뜻을 생각하면서 색칠해 보세요.

우리말 뜻을 영단어로 써보세요.

1. 자연, 성격 nature
2. 기록 note
3. 아홉 nine
4. 둥지 nest
5. 간호사 nurse

O 오우 

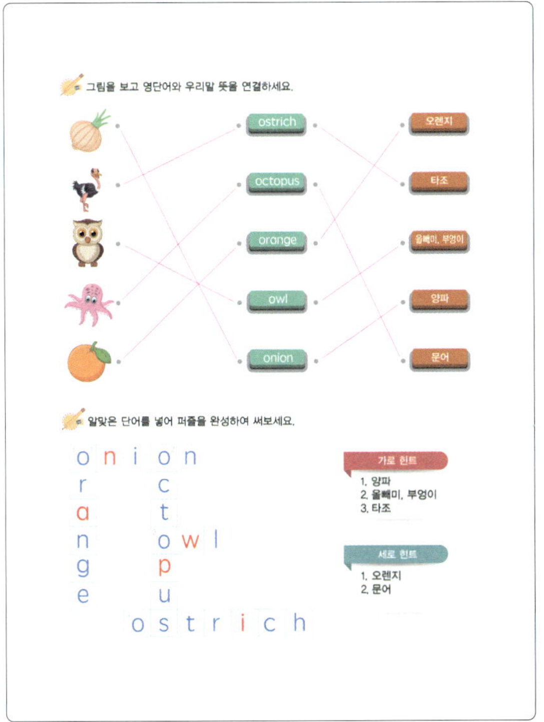

🖐 그림을 보고 영단어와 우리말 뜻을 연결하세요.

- ostrich
- octopus
- orange
- owl
- onion

- 오렌지
- 타조
- 올빼미, 부엉이
- 양파
- 문어

🖐 알맞은 단어를 넣어 퍼즐을 완성하여 써보세요.

```
o n i o n
r       c
a       t   o w l
n       o
g       p
e       u
    o s t r i c h
```

가로 힌트
1. 양파
2. 올빼미, 부엉이
3. 타조

세로 힌트
1. 오렌지
2. 문어

🖐 단어와 뜻을 생각하면서 색칠해 보세요.

🖐 우리말 뜻을 영단어로 써보세요.

1. 타조 — ostrich
2. 올빼미, 부엉이 — owl
3. 양파 — onion
4. 오렌지 — orange
5. 문어 — octopus

P 피- 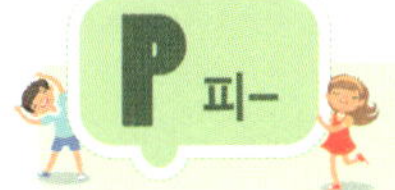

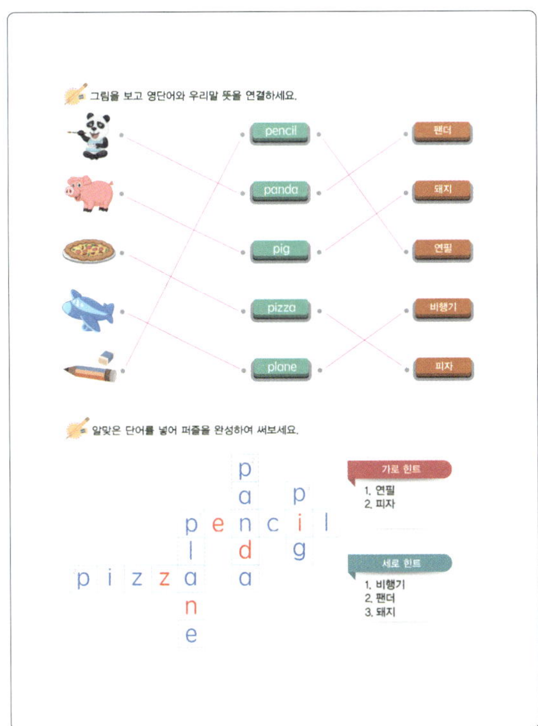

🖐 그림을 보고 영단어와 우리말 뜻을 연결하세요.

- pencil
- panda
- pig
- pizza
- plane

- 팬더
- 돼지
- 연필
- 비행기
- 피자

🖐 알맞은 단어를 넣어 퍼즐을 완성하여 써보세요.

```
        p
    p   a       p
    e n c i l
    l   d       g
p i z z a
    a
    n
    e
```

가로 힌트
1. 연필
2. 피자

세로 힌트
1. 비행기
2. 팬더
3. 돼지

🖐 단어와 뜻을 생각하면서 색칠해 보세요.

🖐 우리말 뜻을 영단어로 써보세요.

1. 돼지 — pig
2. 팬더 — panda
3. 연필 — pencil
4. 비행기 — plane
5. 피자 — pizza

Q 큐-

그림을 보고 영단어와 우리말 뜻을 연결하세요.

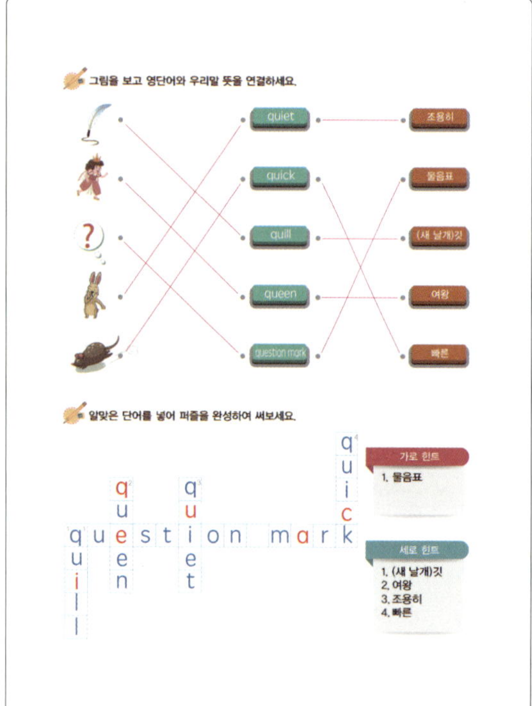

quiet — 조용히
quick — 물음표
quill — (새 날개)깃
queen — 여왕
question mark — 빠른

알맞은 단어를 넣어 퍼즐을 완성하여 써보세요.

```
          q
  q     q     quick
queen question mark
quill  u    i
  i    e    e
  l    e    t
  l    n
```

가로 힌트
1. 물음표

세로 힌트
1. (새 날개)깃
2. 여왕
3. 조용히
4. 빠른

단어와 뜻을 생각하면서 색칠해 보세요.

우리말 뜻을 영단어로 써보세요.

1. 빠른 quick
2. 여왕 queen
3. 물음표 question mark
4. 조용히 quiet
5. (새 날개)깃 quill

R 아알

그림을 보고 영단어와 우리말 뜻을 연결하세요.

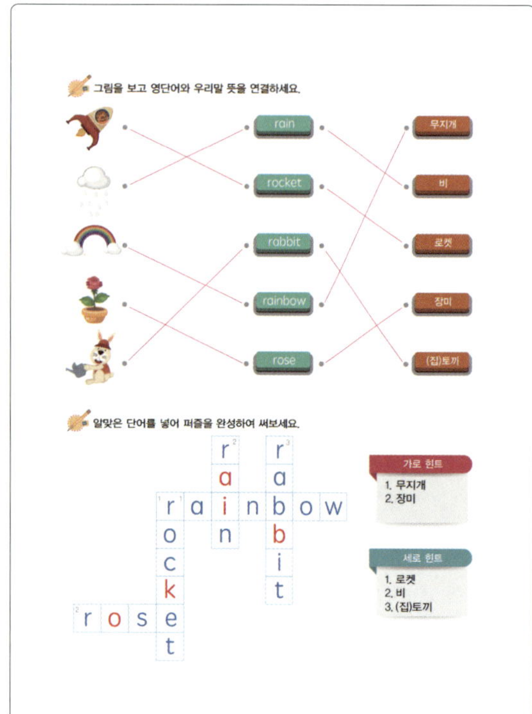

rain — 무지개
rocket — 비
rabbit — 로켓
rainbow — 장미
rose — (집)토끼

알맞은 단어를 넣어 퍼즐을 완성하여 써보세요.

```
        r     r
        a     a
  r a i n b o w
  o     n     b
  c           b
  k           i
r o s e t     t
```

가로 힌트
1. 무지개
2. 장미

세로 힌트
1. 로켓
2. 비
3. (집)토끼

단어와 뜻을 생각하면서 색칠해 보세요.

우리말 뜻을 영단어로 써보세요.

1. 장미 rose
2. 로켓 rocket
3. (집)토끼 rabbit
4. 무지개 rainbow
5. 비 rain

S 에쓰

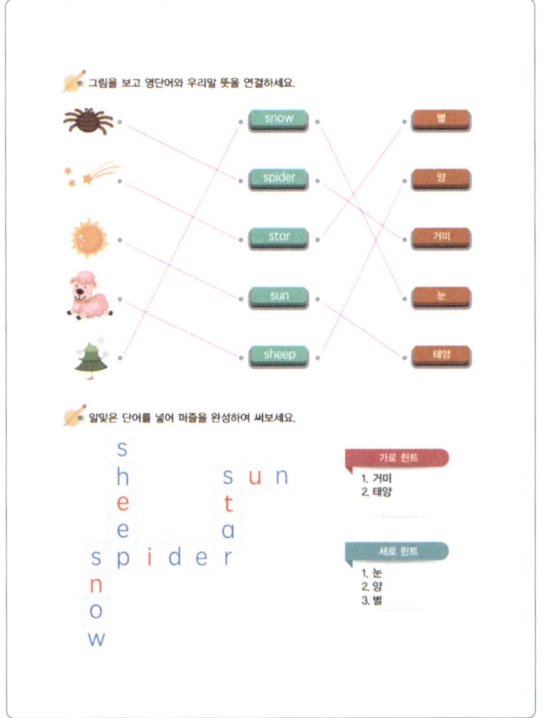

🖐 그림을 보고 영단어와 우리말 뜻을 연결하세요.

snow · 별
spider · 양
star · 거미
sun · 눈
sheep · 태양

🖐 알맞은 단어를 넣어 퍼즐을 완성하여 써보세요.

s
sheep · sun
· star
snow · spider

가로 힌트
1. 거미
2. 태양

세로 힌트
1. 눈
2. 양
3. 별

🖐 단어와 뜻을 생각하면서 색칠해 보세요.

🖐 우리말 뜻을 영단어로 써보세요.

1. 양 sheep
2. 별 star
3. 거미 spider
4. 태양 sun
5. 눈 snow

T 티-

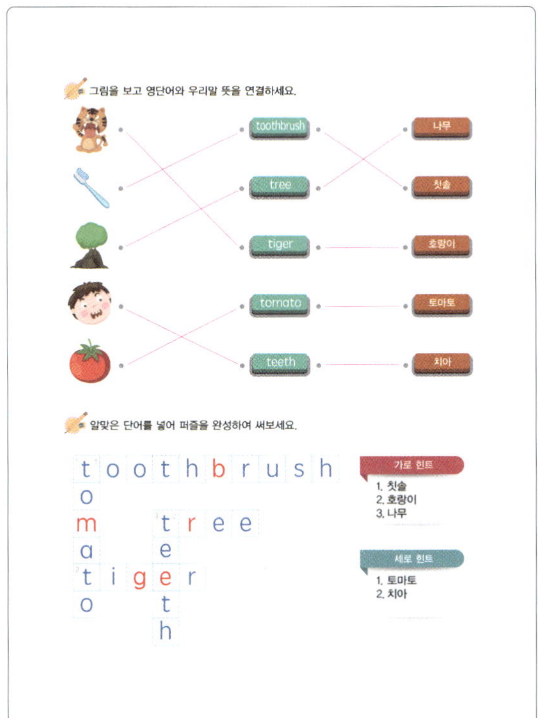

🖐 그림을 보고 영단어와 우리말 뜻을 연결하세요.

toothbrush · 나무
tree · 칫솔
tiger · 호랑이
tomato · 토마토
teeth · 치아

🖐 알맞은 단어를 넣어 퍼즐을 완성하여 써보세요.

t o o t h b r u s h
tomato · tree
tiger · teeth

가로 힌트
1. 칫솔
2. 호랑이
3. 나무

세로 힌트
1. 토마토
2. 치아

🖐 단어와 뜻을 생각하면서 색칠해 보세요.

🖐 우리말 뜻을 영단어로 써보세요.

1. 호랑이 tiger
2. 칫솔 toothbrush
3. 나무 tree
4. 토마토 tomato
5. 치아 teeth

U 유-

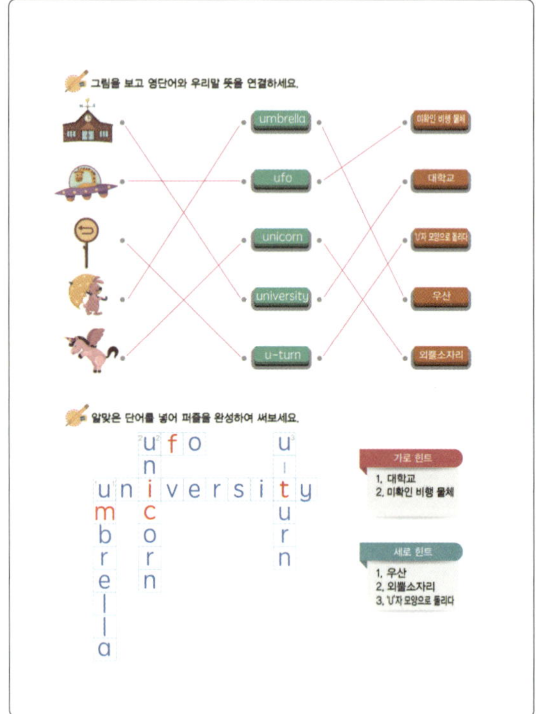

🖐 그림을 보고 영단어와 우리말 뜻을 연결하세요.

- umbrella — 미확인 비행 물체
- ufo — 대학교
- unicorn — 'U'자 모양으로 돌리다
- university — 우산
- u-turn — 외뿔소자리

🖐 알맞은 단어를 넣어 퍼즐을 완성하여 써보세요.

```
u f o        u
uni versi t y
m     o     u
b     r     r
r     n     n
e
l
l
a
```

가로 힌트
1. 대학교
2. 미확인 비행 물체

세로 힌트
1. 우산
2. 외뿔소자리
3. 'U'자 모양으로 돌리다

🖐 단어와 뜻을 생각하면서 색칠해 보세요.

🖐 우리말 뜻을 영단어로 써보세요.

1. 대학교   university
2. 미확인 비행 물체   ufo
3. 우산   umbrella
4. 'U'자 모양으로 돌리다   u-turn
5. 외뿔소자리   unicorn

V 뷔-

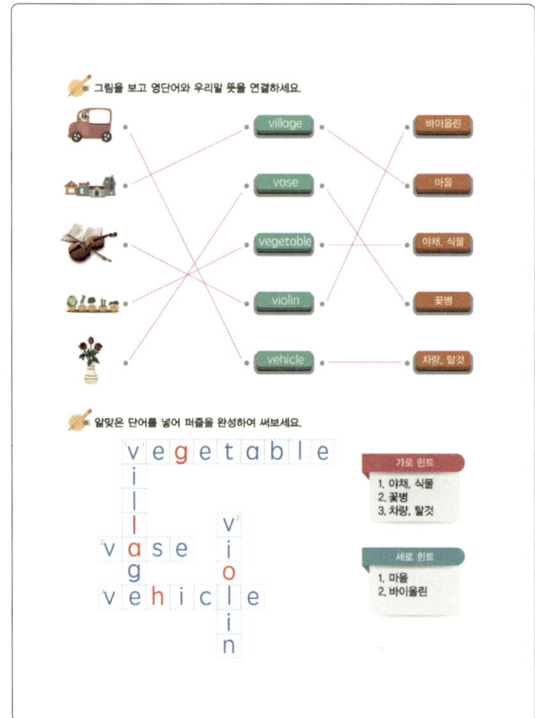

🖐 그림을 보고 영단어와 우리말 뜻을 연결하세요.

- village — 바이올린
- vase — 마을
- vegetable — 야채, 식물
- violin — 꽃병
- vehicle — 차량, 탈것

🖐 알맞은 단어를 넣어 퍼즐을 완성하여 써보세요.

```
vegetable
i
l           v
vase        i
a           o
vehicle     l
            i
            n
```

가로 힌트
1. 야채, 식물
2. 꽃병
3. 차량, 탈것

세로 힌트
1. 마을
2. 바이올린

🖐 단어와 뜻을 생각하면서 색칠해 보세요.

🖐 우리말 뜻을 영단어로 써보세요.

1. 꽃병   vase
2. 바이올린   violin
3. 마을   village
4. 야채, 식물   vegetable
5. 차량, 탈것   vehicle

W 더블유

그림을 보고 영단어와 우리말 뜻을 연결하세요.

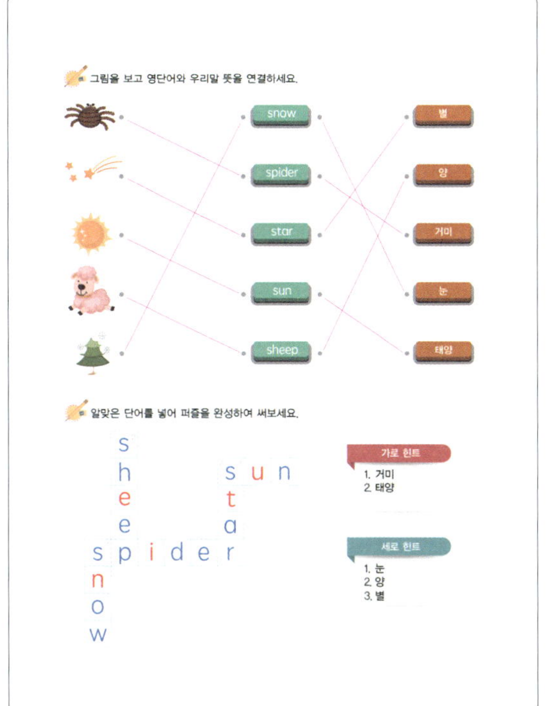

알맞은 단어를 넣어 퍼즐을 완성하여 써보세요.

가로 힌트
1. 거미
2. 태양

세로 힌트
1. 눈
2. 양
3. 별

단어와 뜻을 생각하면서 색칠해 보세요.

우리말 뜻을 영단어로 써보세요.

1. 양   sheep
2. 별   star
3. 거미   spider
4. 태양   sun
5. 눈   snow

X 엑쓰

그림을 보고 영단어와 우리말 뜻을 연결하세요.

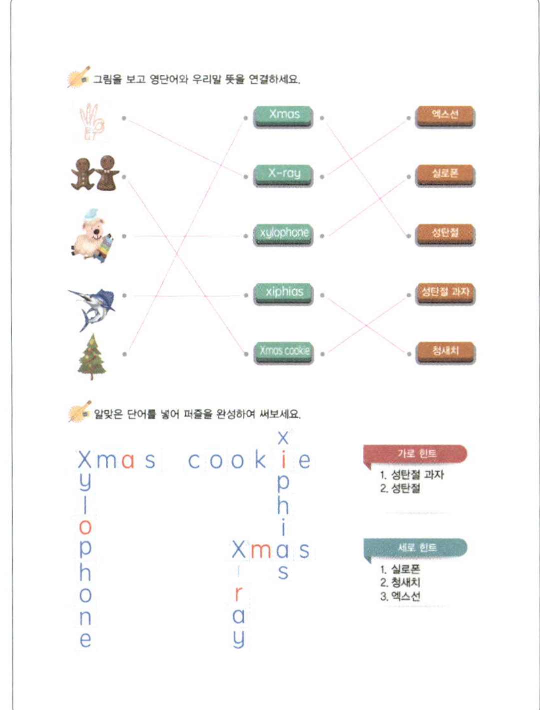

알맞은 단어를 넣어 퍼즐을 완성하여 써보세요.

가로 힌트
1. 성탄절 과자
2. 성탄절

세로 힌트
1. 실로폰
2. 청새치
3. 엑스선

단어와 뜻을 생각하면서 색칠해 보세요.

우리말 뜻을 영단어로 써보세요.

1. 청새치   xiphias
2. 엑스선   X-ray
3. 성탄절   Xmas
4. 실로폰   xylophone
5. 성탄절 과자   Xmas cookie

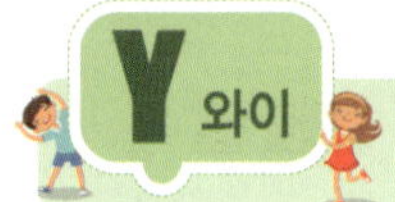

그림을 보고 영단어와 우리말 뜻을 연결하세요.

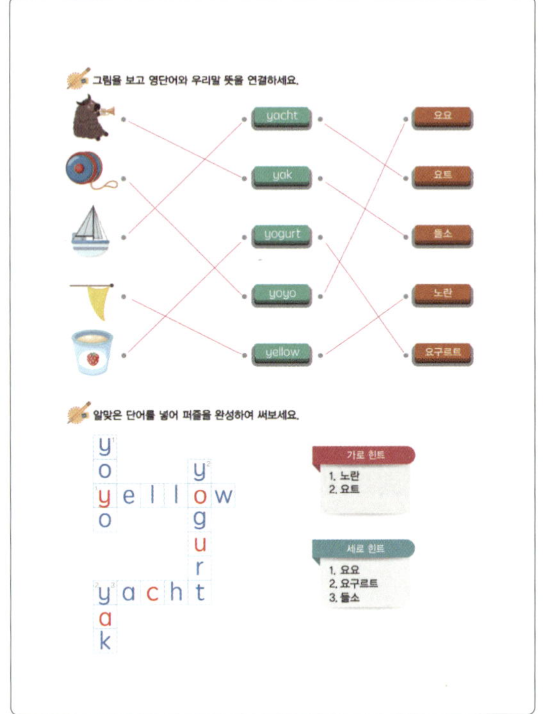

yacht — 요요
yok — 요트
yogurt — 들소
yoyo — 노란
yellow — 요구르트

알맞은 단어를 넣어 퍼즐을 완성하여 써보세요.

y o y o
yellow
yogurt
yacht
yak

가로 힌트
1. 노란
2. 요트

세로 힌트
1. 요요
2. 요구르트
3. 들소

단어와 뜻을 생각하면서 색칠해 보세요.

우리말 뜻을 영단어로 써보세요.

1. 요구르트 yogurt
2. 들소 yak
3. 요요 yoyo
4. 노란 yellow
5. 요트 yacht

그림을 보고 영단어와 우리말 뜻을 연결하세요.

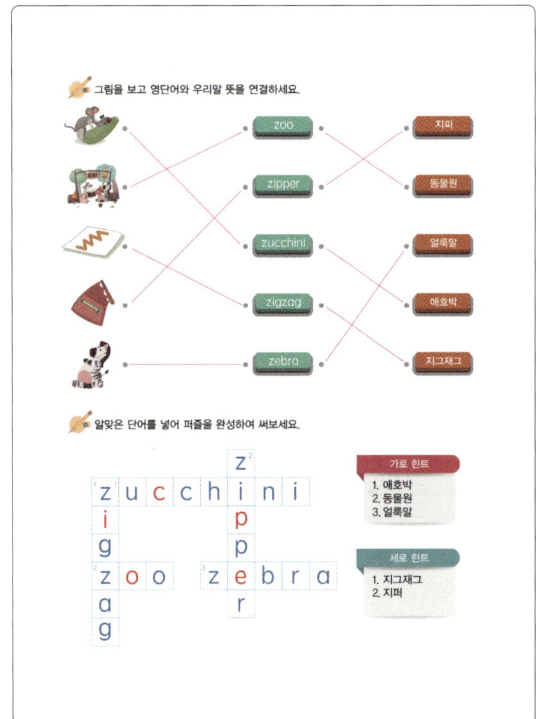

zoo — 지퍼
zipper — 동물원
zucchini — 얼룩말
zigzag — 애호박
zebra — 지그재그

알맞은 단어를 넣어 퍼즐을 완성하여 써보세요.

가로 힌트
1. 애호박
2. 동물원
3. 얼룩말

세로 힌트
1. 지그재그
2. 지퍼

단어와 뜻을 생각하면서 색칠해 보세요.

우리말 뜻을 영단어로 써보세요.

1. 지그재그 zigzag
2. 지퍼 zipper
3. 동물원 zoo
4. 애호박 zucchini
5. 얼룩말 zebra

Number 넘버

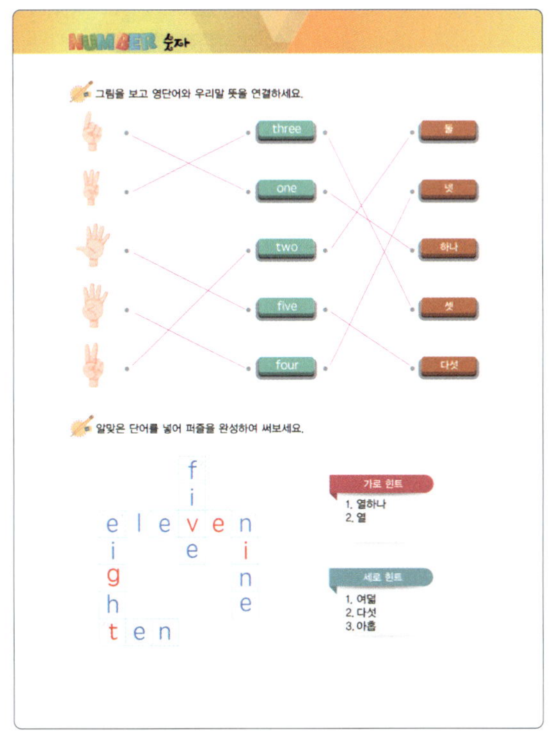
NUMBER 숫자
그림을 보고 영단어와 우리말 뜻을 연결하세요.
three
one
two
five
four
둘
넷
하나
셋
다섯
알맞은 단어를 넣어 퍼즐을 완성하여 써보세요.
f
e l e v e n
i   v   i
g   e   n
h   e
t e n
가로 힌트
1. 열하나
2. 열
세로 힌트
1. 여덟
2. 다섯
3. 아홉

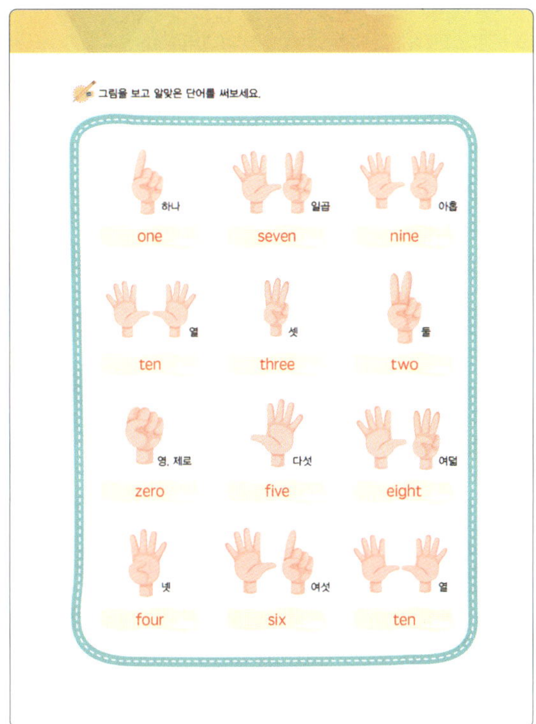
그림을 보고 알맞은 단어를 써보세요.
하나   일곱   아홉
one   seven   nine
열   셋   둘
ten   three   two
영, 제로   다섯   여덟
zero   five   eight
넷   여섯   열
four   six   ten

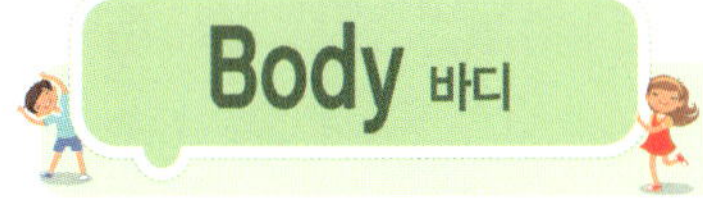
Body 바디

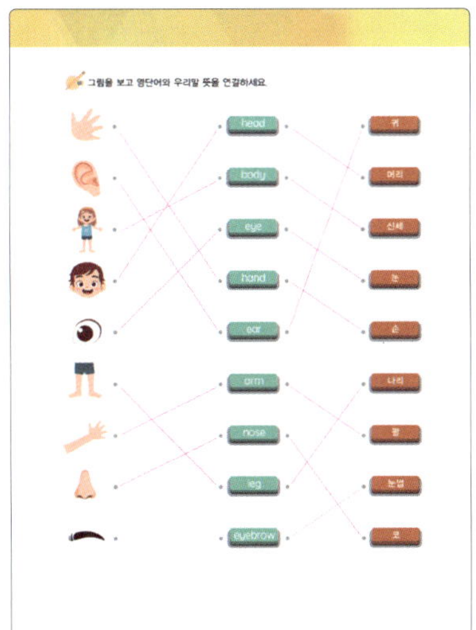
그림을 보고 영단어와 우리말 뜻을 연결하세요.
head
body
eye
hand
ear
arm
nose
leg
eyebrow
귀
머리
신체
눈
손
나리
봐
눈썹
코

알맞은 단어를 넣어 퍼즐을 완성하여 써보세요.
n
e y e b r o w
s
t o n g u e
o
e a r
m
가로 힌트
1. 눈썹
2. 혀
3. 귀
세로 힌트
1. 코
2. 발가락
3. 팔
그림을 보고 알맞은 단어를 써보세요.
신체   머리   눈
body   head   eye

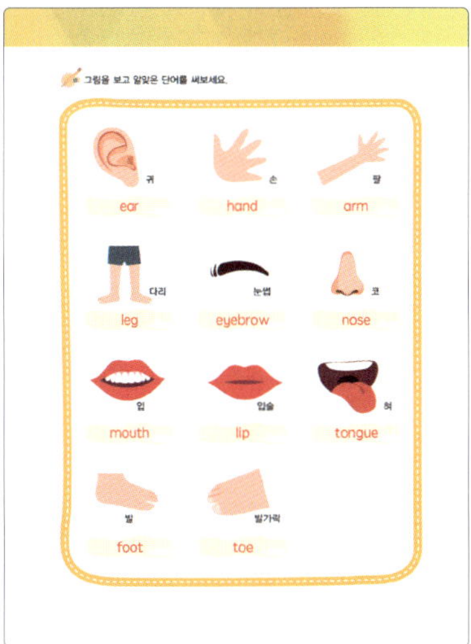
그림을 보고 알맞은 단어를 써보세요.
귀   손   팔
ear   hand   arm
다리   눈썹   코
leg   eyebrow   nose
입   입술   혀
mouth   lip   tongue
발   발가락
foot   toe

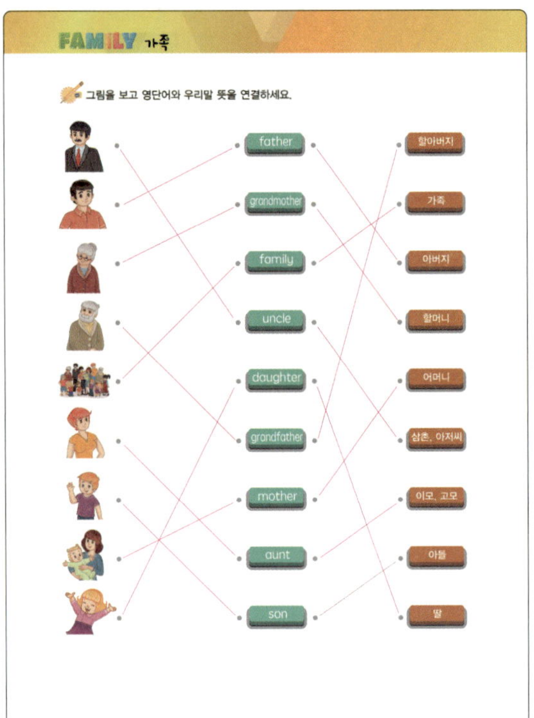

FAMILY 가족
그림을 보고 영단어와 우리말 뜻을 연결하세요.
father
grandmother
family
uncle
daughter
grandfather
mother
aunt
son
할아버지
가족
아버지
할머니
어머니
삼촌, 아저씨
이모, 고모
아들
딸

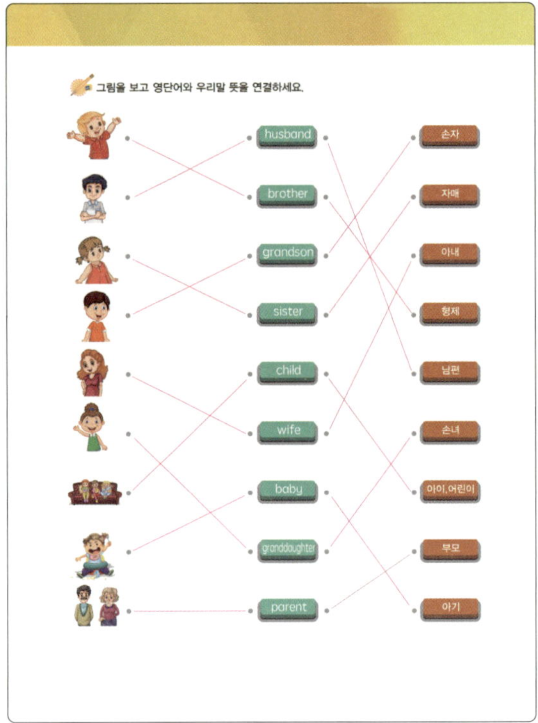

그림을 보고 영단어와 우리말 뜻을 연결하세요.
husband
brother
grandson
sister
child
wife
baby
granddaughter
parent
손자
자매
아내
형제
남편
손녀
아이,어린이
부모
아기

FAMILY 가족
알맞은 단어를 넣어 퍼즐을 완성하여 써보세요.
w
f a m i l y
w i f e
a
t e
m o t h e r
h e
p a r e n t
가로 힌트
1. 가족
2. 어머니
3. 부모
세로 힌트
1. 아버지
2. 아내
그림을 보고 알맞은 단어를 써보세요.
family
grandfather
grandmother
mother
father
uncle
가족
할아버지
할머니
어머니
아버지
삼촌, 아저씨

그림을 보고 알맞은 단어를 써보세요.
이모, 고모
아들
딸
aunt
son
daughter
형제
자매
남편
brother
sister
husband
아내
손자
손녀
wife
grandson
granddaughter
아기
아이, 어린이
부모
baby
child
parent

Sport 스포츠

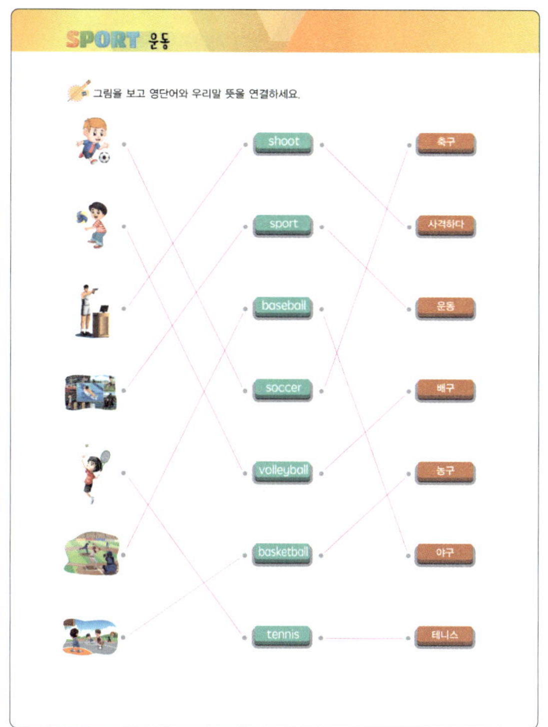

SPORT 운동

그림을 보고 영단어와 우리말 뜻을 연결하세요.

shoot · 축구
sport · 사격하다
baseball · 운동
soccer · 배구
volleyball · 농구
basketball · 야구
tennis · 테니스

SPORT 운동

그림을 보고 영단어와 우리말 뜻을 연결하세요.

golf · 태권도
fencing · 수영
taekwondo · 펜싱
swimming · 골프
horse racing · 스케이트
skating · 탁구
table tennis · 경마

Sport 스포츠

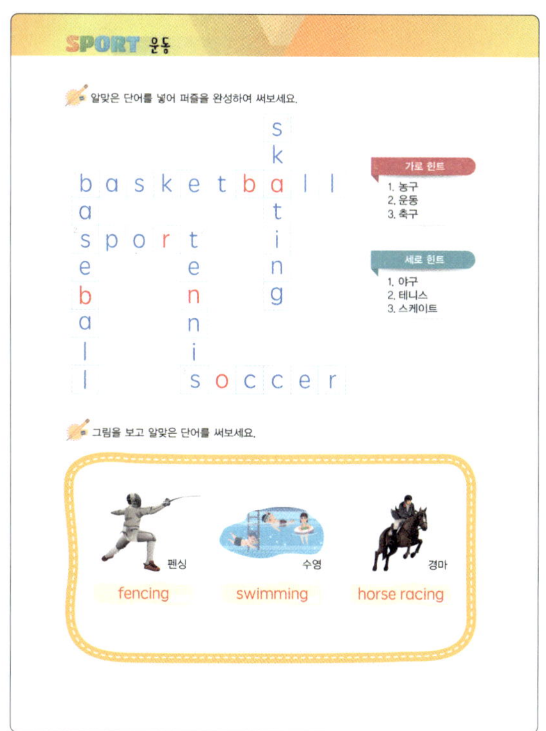

SPORT 운동

알맞은 단어를 넣어 퍼즐을 완성하여 써보세요.

```
          s
          k
b a s k e t b a l l
a         a
s p o r t t i n g
e       t   g
b       e
a       n
l       n
l       i
        s o c c e r
```

가로 힌트
1. 농구
2. 운동
3. 축구

세로 힌트
1. 야구
2. 테니스
3. 스케이트

그림을 보고 알맞은 단어를 써보세요.

펜싱 fencing
수영 swimming
경마 horse racing

그림을 보고 알맞은 단어를 써보세요.

골프 golf
태권도 taekwondo
탁구 table tennis
스케이트 skating
운동 sport
축구 soccer
배구 volleyball
야구 baseball
농구 basketball
테니스 tennis
사격하다 shoot

Animal 에너멀

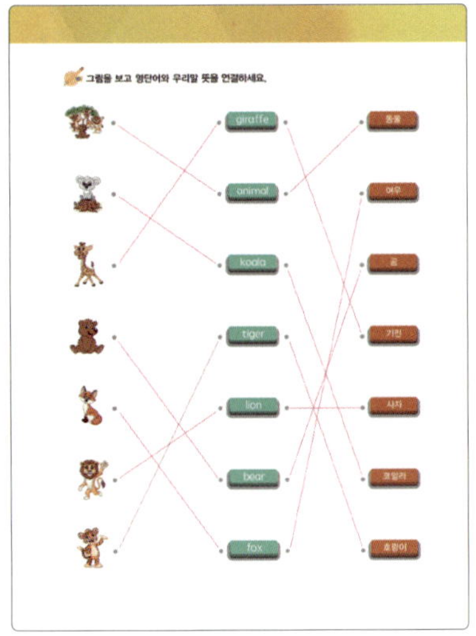

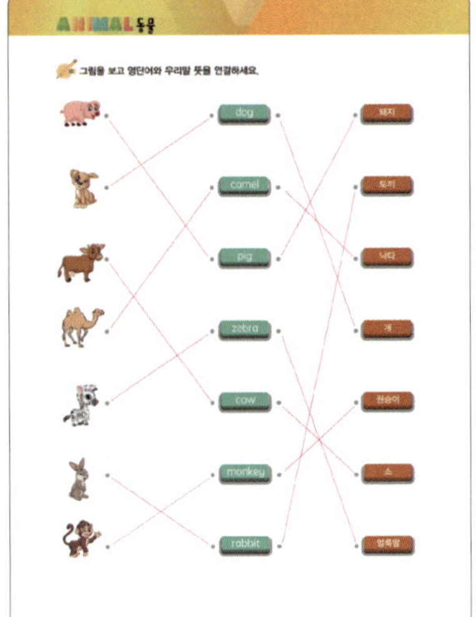

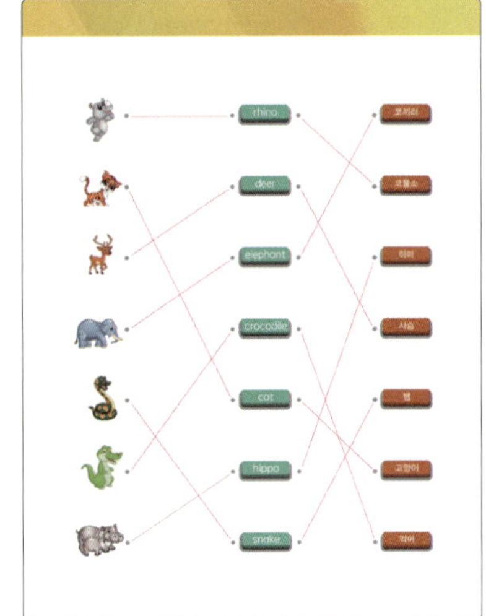

Animal 에너멀

Color 컬러

COLOR 색깔

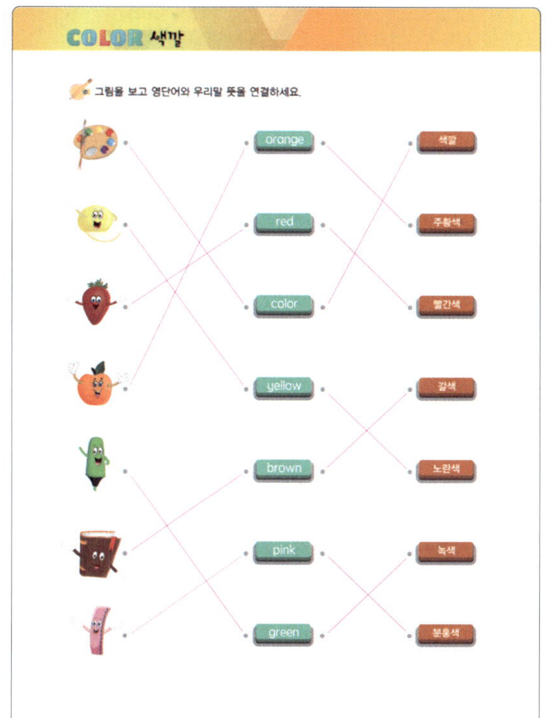

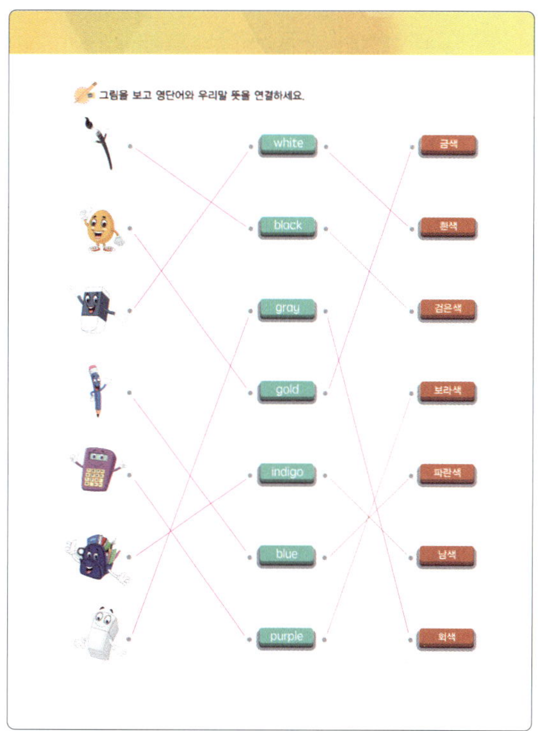

Color 컬러

COLOR 색깔

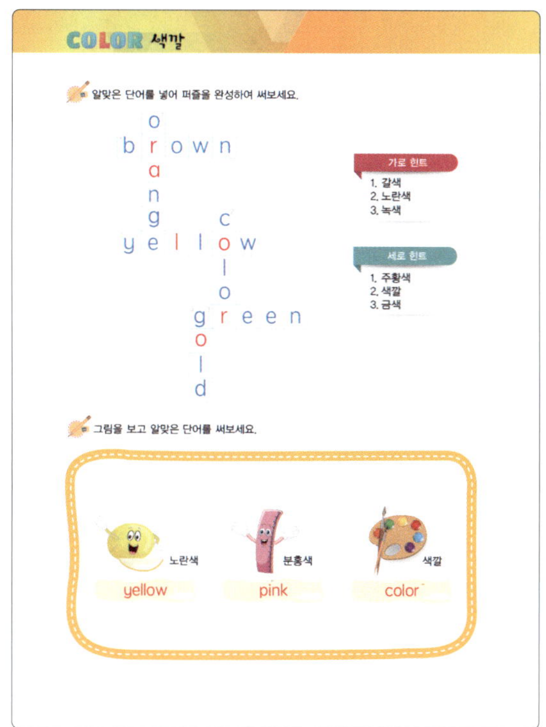

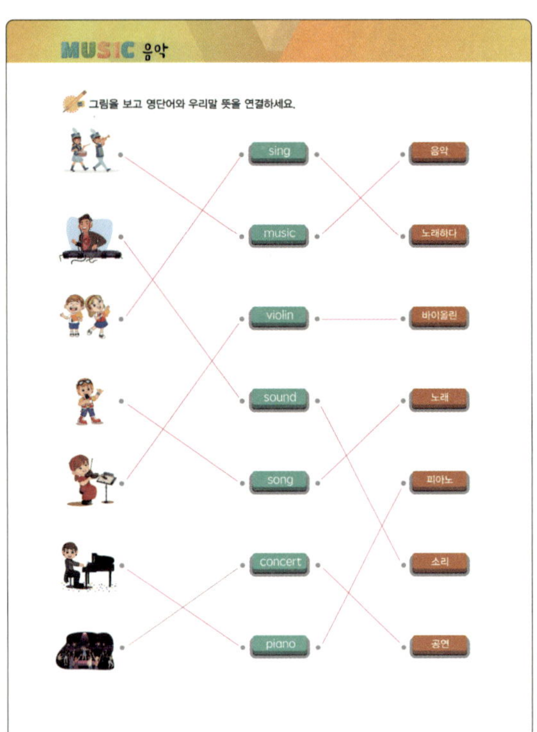

MUSIC 음악

그림을 보고 영단어와 우리말 뜻을 연결하세요.

sing		음악
music		노래하다
violin		바이올린
sound		노래
song		피아노
concert		소리
piano		공연

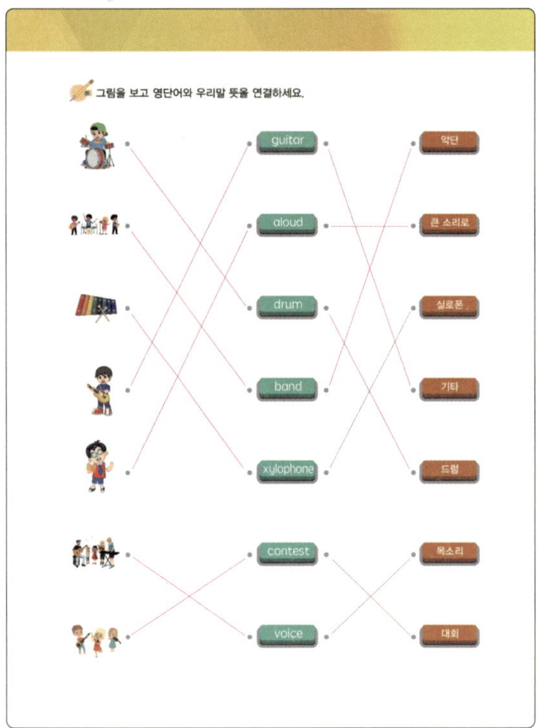

MUSIC 음악

그림을 보고 영단어와 우리말 뜻을 연결하세요.

guitar		악단
aloud		큰 소리로
drum		실로폰
band		기타
xylophone		드럼
contest		목소리
voice		대회

MUSIC 음악

알맞은 단어를 넣어 퍼즐을 완성하여 써보세요.

```
            s o n g
      c         i
x y l o p h o n e
      n         g
      c
c o n c e r t
      r
g u i t a r
```

가로 힌트
1. 노래
2. 실로폰
3. 공연
4. 기타

세로 힌트
1. 노래하다
2. 공연

그림을 보고 알맞은 단어를 써보세요.

노래	노래하다	음악
song	sing	music

그림을 보고 알맞은 단어를 써보세요.

피아노	공연	소리
piano	concert	sound

바이올린	악단	실로폰
violin	band	xylophone

기타	드럼	대회
guitar	drum	contest

큰 소리로	목소리	
aloud	voice	

Food 푸우드
본문 172~173쪽

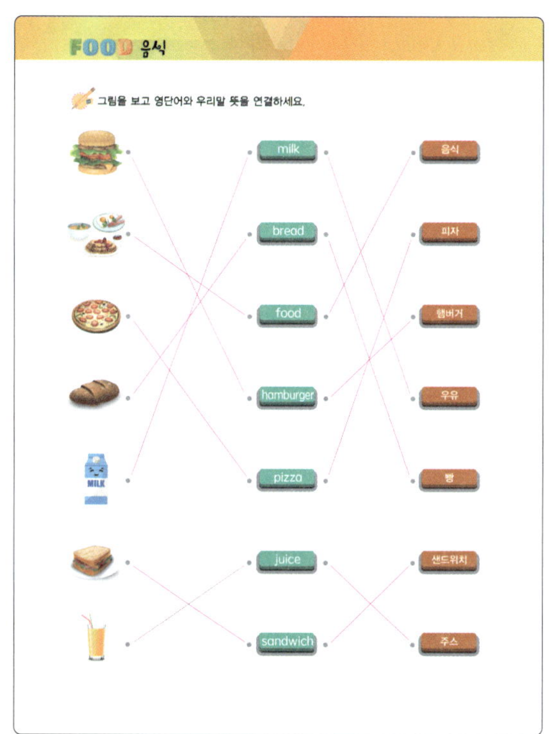

FOOD 음식
그림을 보고 영단어와 우리말 뜻을 연결하세요.
milk
bread
food
hamburger
pizza
juice
sandwich
음식
피자
햄버거
우유
빵
샌드위치
주스

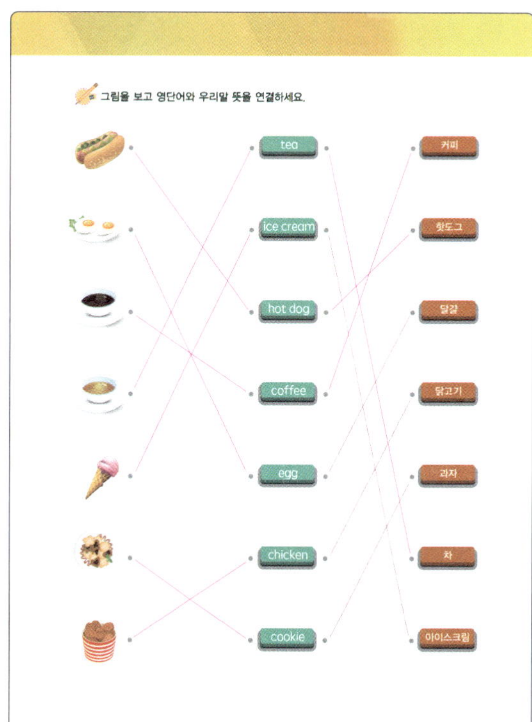

그림을 보고 영단어와 우리말 뜻을 연결하세요.
tea
ice cream
hot dog
coffee
egg
chicken
cookie
커피
핫도그
달걀
닭고기
과자
차
아이스크림

Food 푸우드
본문 174~175쪽

FOOD 음식
알맞은 단어를 넣어 퍼즐을 완성하여 써보세요.
b
s   r
h a m b u r g e r
  n   a
  d   a
  w   m
  i
  c h i c k e n
  h   l   g
        k   g
가로 힌트
1. 햄버거
2. 닭고기
세로 힌트
1. 샌드위치
2. 빵
3. 우유
4. 달걀
그림을 보고 알맞은 단어를 써보세요.
우유   음식   햄버거
milk   food   hamburger

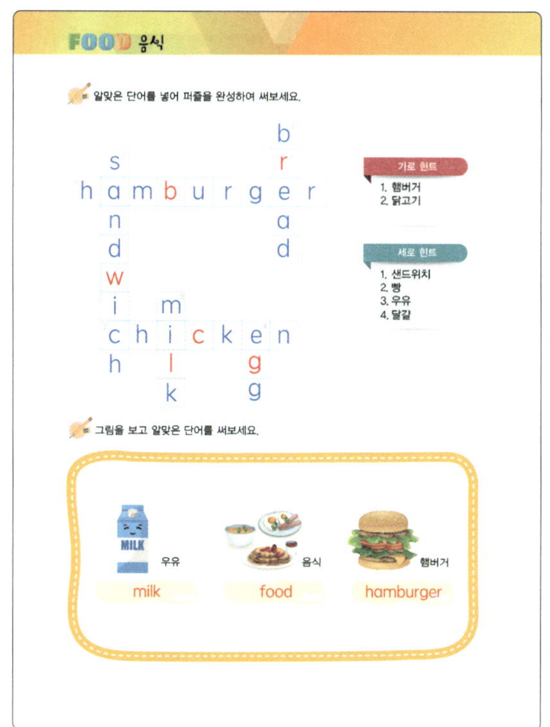

그림을 보고 알맞은 단어를 써보세요.
피자   차   핫도그
pizza   tea   hot dog
빵   아이스크림   닭고기
bread   ice cream   chicken
샌드위치   달걀   과자
sandwich   egg   cookie
주스   커피
juice   coffee

Vehicle 비-이클

VEHICLE 탈것

그림을 보고 영단어와 우리말 뜻을 연결하세요.

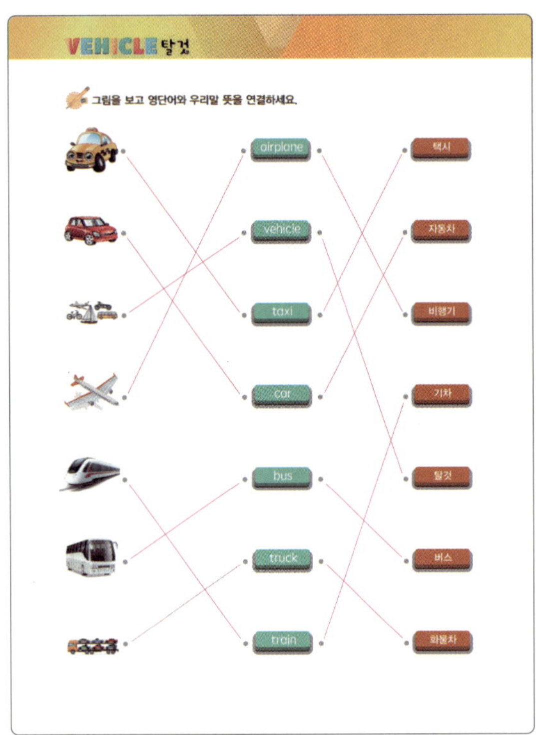

그림을 보고 영단어와 우리말 뜻을 연결하세요.

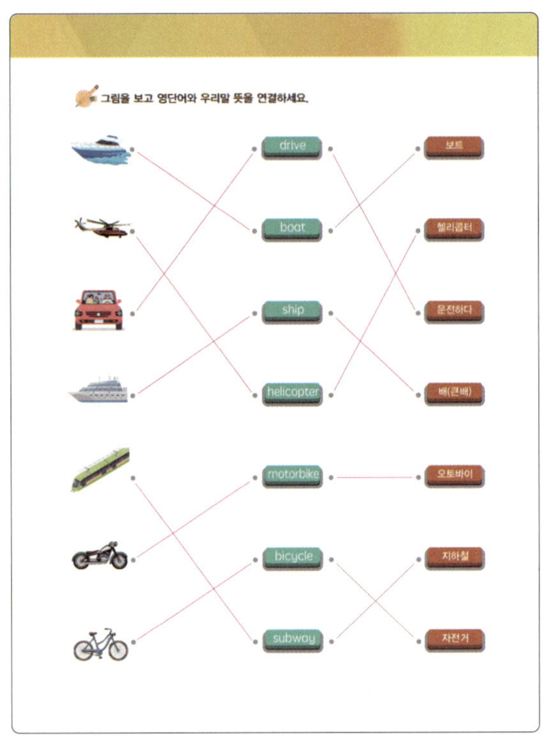

Vehicle 비-이클

VEHICLE 탈것

알맞은 단어를 넣어 퍼즐을 완성하여 써보세요.

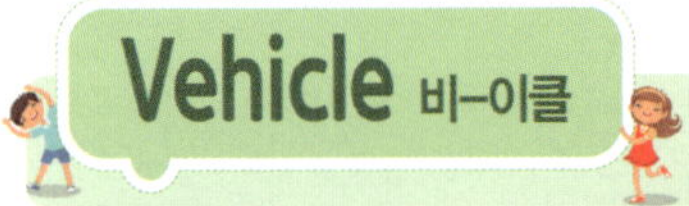

그림을 보고 알맞은 단어를 써보세요.

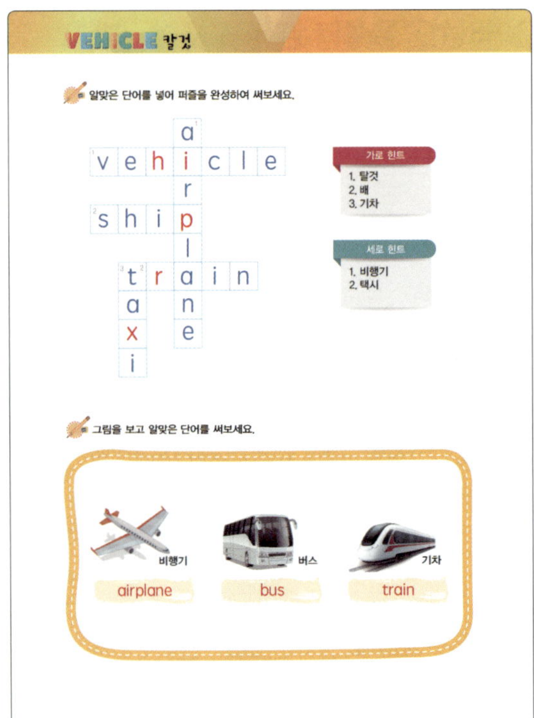

그림을 보고 알맞은 단어를 써보세요.

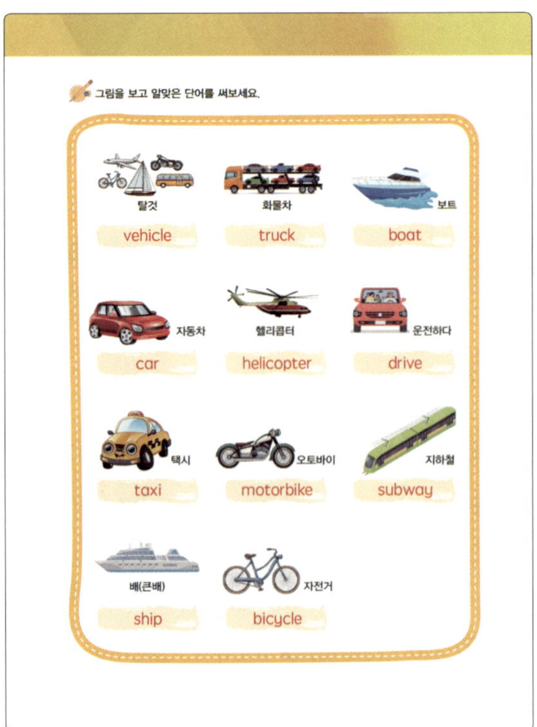

Plant 플랜트
본문 188~189쪽

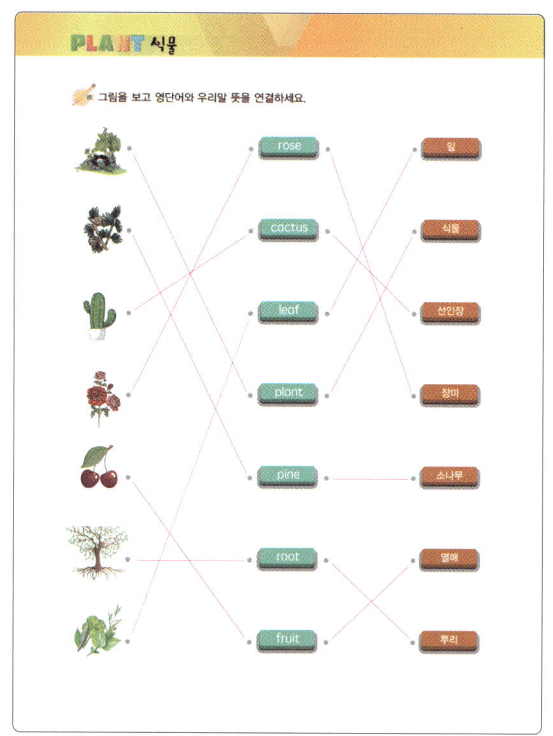

PLANT 식물
그림을 보고 영단어와 우리말 뜻을 연결하세요.
rose
cactus
leaf
plant
pine
root
fruit
잎
식물
선인장
장미
소나무
열매
뿌리

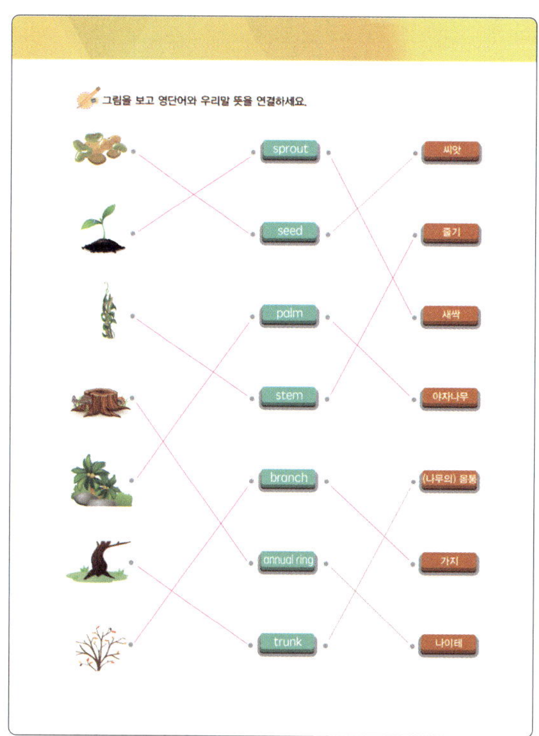

그림을 보고 영단어와 우리말 뜻을 연결하세요.
sprout
seed
palm
stem
branch
annual ring
trunk
씨앗
줄기
새싹
야자나무
(나무의) 몸통
가지
나이테

Plant 플랜트
본문 190~191쪽

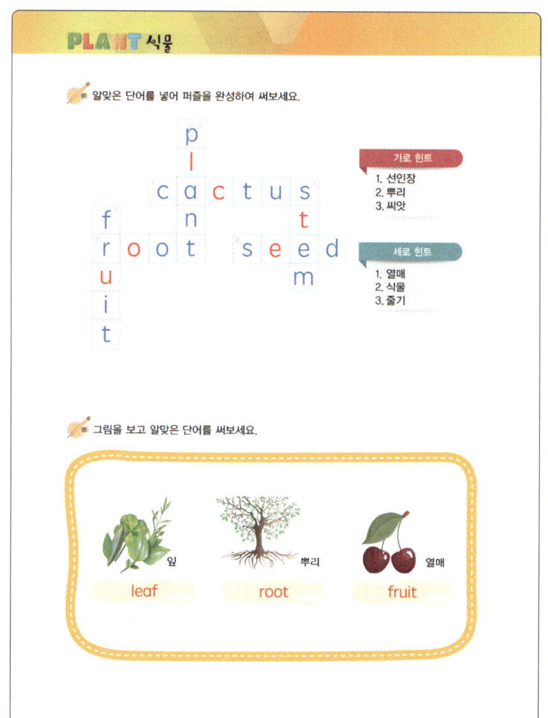

PLANT 식물
알맞은 단어를 넣어 퍼즐을 완성하여 써보세요.
p
l
a
n   c a c t u s
f   n   t
r o o t   s e e d
u   e
i   m
t

가로 힌트
1. 선인장
2. 뿌리
3. 씨앗

세로 힌트
1. 열매
2. 식물
3. 줄기

그림을 보고 알맞은 단어를 써보세요.
leaf   잎
root   뿌리
fruit   열매

그림을 보고 알맞은 단어를 써보세요.
plant   식물
seed   씨앗
annual ring   나이테
pine   소나무
sprout   새싹
trunk   (나무의) 몸통
rose   장미
stem   줄기
palm   야자나무
cactus   선인장
branch   가지

본문 196~197쪽

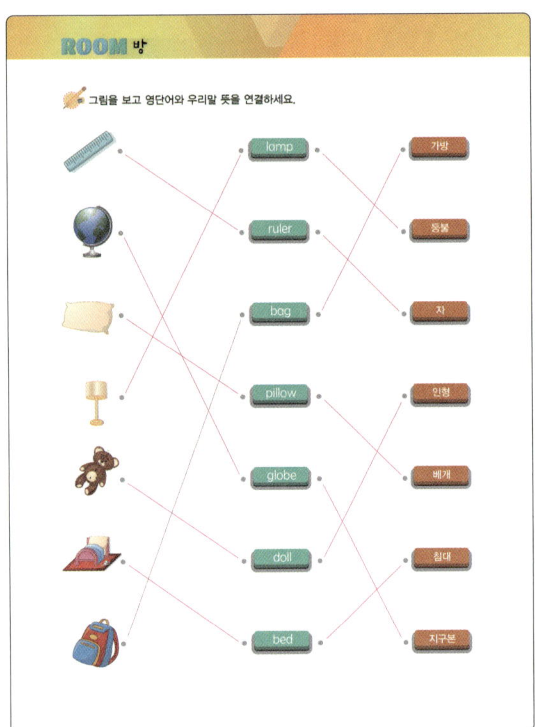

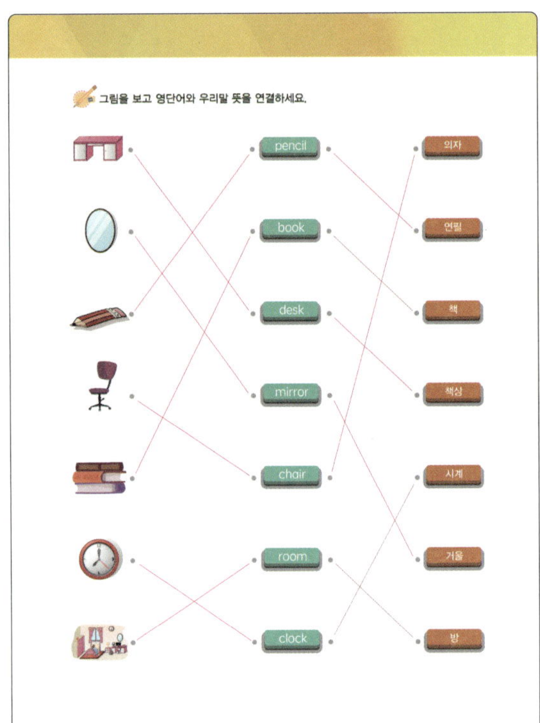

본문 198~199쪽